管理博弈教程

Game in Management: a Coursebook

◎ 孙绍荣　刘宇熹　孙　娜／著

中国经济出版社
CHINA ECONOMIC PUBLISHING HOUSE
北　京

图书在版编目（CIP）数据

管理博弈教程 / 孙绍荣，孙娜，刘宇熹著. —北京：中国经济出版社，2017.12

ISBN 978-7-5136-4854-7

Ⅰ.①管… Ⅱ.①孙… ②孙… ③刘… Ⅲ.①管理学-教材 Ⅳ.①C93

中国版本图书馆CIP数据核字（2017）第222806号

责任编辑 杨 莹
文字编辑 郑潇伟
责任印制 巢新强
封面设计 华子设计

出版发行 中国经济出版社
印 刷 者 北京力信诚印刷有限公司
经 销 者 各地新华书店
开　　本 710mm × 1000mm 1/16
印　　张 12.5
字　　数 183千字
版　　次 2017年12月第1版
印　　次 2017年12月第1次
定　　价 48.00元
广告经营许可证 京西工商广字第8179号

中国经济出版社 **网址** www.economyph.com **社址** 北京市西城区百万庄北街3号 **邮编** 100037
本版图书如存在印装质量问题，请与本社发行中心联系调换（联系电话：010-68330607）

编写说明

我们生活在一个彼此关联的世界中，随着科技发展与技术普及，这种相关性表现得日益突出。正如在游戏中，每个参与者个体的预期行为和实际行为都会对所有参与者的收益产生影响一样，现实世界中的很多情形也具有类似的效应。表面上不同的相互作用可能本质上具有相似的激励结构，它们可能是同一种局势的抽象，这就是博弈论。

博弈论是研究博弈行为中斗争各方是否存在着最合理的行为方案，以及如何找到这个合理的行为方案的一整套理论和方法。这种策略性的行为和决策环境普遍存在于我们的日常工作和生活中，从日常的人际交往到企业间的市场竞争、拍卖与招投标、商业谈判，以及政府间的政策交互都可以用博弈理论的框架予以分析。

不同学科都试图将博弈思想从各自学科的架构来解释，例如经济学家从市场和商业视角分析博弈论，数学家从定理和性质的视角完善博弈理论内容，生物学家使用博弈论来理解和预测进化论的某些结果（由此衍生出了演化博弈论的分支），计算机控制专家应用博弈理论为机器人的 AI 算法提供依据。本教程落脚于各种管理情景，兼容博弈的数学模型与其中内含的管理启示，例如下棋时，你必须先预测对手的棋招，然后才决定自己的落子；在管理情境中也如此，你必须猜测对手的意图，才能决定自己的管理决策。力求将博弈论从纯粹的理论计算、抽象简单的游戏局势中剥离出来，结合每个管理案例分析其中的博弈内涵与哲理，这也是博弈用于管理策略中的关键环节。

《管理博弈教程》比较全面地介绍了博弈论的主要内容，包括非合作博弈、合作博弈、演化博弈。博弈论（Game Theory），又译为对策论、赛局理论。它是应用数学的一个分支，但基于管理学视角对博弈论的研究又明显不同于原有的数学视角。管理博弈打破了传统博弈论的分类方式，从管理中涉及的问题出发去理解博弈论，内容涵盖博弈论基础、非合作博弈的低效益、搭便车与道德风险、先动优势与后动优势、可信承诺与威胁、联盟博弈、谈判的底线与解、演化博弈与稳定等。《管理博弈教程》适用于大学经管类专业高年级本科生或者研究生，也可以作为广大博弈论研究者的参考书。

然而，一本优秀的教材需要时间和教学实践的检验，管理博弈的这本教程仅仅是小荷才露的尝试和探索，限于作者本人的学识和能力，绝无可能做到尽善尽美。因此，在后续的工作中我们将对其不断审视、不断修改、不断完善，对于它的任何意见我们都非常期盼，希望与全国的同行共勉，以使其逐步成为精品。

孙绍荣　刘宇熹　孙　娜

2017 年 5 月 23 日

目　录

第一章　博弈论基础

导入案例：田忌赛马

- 忌数与齐诸公子驰逐重射。孙子见其马足不甚相远，马有上、中、下辈。于是孙子谓田忌曰："君弟重射，臣能令君胜。"田忌信然之，与王及诸公子逐射千金。及临质，孙子曰："今以君之下驷彼上驷，取君上驷与彼中驷，取君中驷与彼下驷。"既驰三辈毕，而田忌一不胜而再胜，卒得王千金。

  ——摘自《史记·卷六十五·孙子吴起列传》
- 典型博弈特征：针对对方选择的策略性反应。
- 现在的问题：如果对方也看到这一点后，改变自己的出场次序，取同样的下、上、中的策略，结果将会如何？显然，孙膑也会看到这一点，也会改变次序，那么最后的理性结局是什么呢？

1.1　博弈论简介

博弈在中国古代最早是指下棋。现代社会中，博弈论是研究交互决策下的个体行为与激励机制，即针对竞争对手对自己的影响，选择对自己最有利的行为方案。研究博弈问题的理论被称为博弈论（Game Theory），也称为对策论。

在社会实践中，博弈问题大体可分为三大类。

第一大类是非合作博弈。这类博弈的对象事先确定，博弈问题就是在对方给定的环境下，选择对自己最有利的行为。

☞ 价格大战

在产品市场，各个企业都会努力促进自己产品的销售，挤占其他企业的同类产品的销售，这通常是通过制定较低的价格来实现的。当大家都想通过降低价格来扩大自己产品的销售时，就会出现大家竞相降价的现象，即所谓的“价格大战”。在这样的情况下，对于每一家企业来说，针对其他企业的价格，制定一个既不高于其他企业同时又使自己的企业不至于发生严重亏损的价格，就成为一个重要问题。这是一个典型非合作博弈问题。

非合作博弈还可以进一步细分为静态博弈和动态博弈。

在博弈过程中，如果每个参与人都是在不知道其他参与人所选择的策略的情况下选择自己的策略，这样的博弈被称为静态博弈。著名的囚徒困境博弈就是典型的静态博弈（这个例子会在下文进行重点分析）。儿童常玩的游戏“石头剪刀布”也是一个静态博弈的实例，这个游戏的关键规则就是参与者必须同时给出自己的手势。在企业管理领域也有静态博弈，例如某工程招投标中，投标截止时间是 12 月 30 日，A 公司在 19 号投标，B 公司在 20 日投标，C 公司在 25 日投标，开标时间为 12 月 31 日，A、B、C 三家公司的投标时间虽然不同但却相互无信息沟通，所以也是静态博弈。

如果各个参与人在选择各自策略的时候，有事先确定的先后顺序，并且每个后行动的参与人都能够观察到所有先行动的参与人所行为的策略的话，这种博弈就是动态博弈。例如多人打牌时的轮流出牌、下棋时的轮流出招等都属于动态博弈。

在动态博弈中，如果参与人有限且各个参与人选择策略时按固定的顺序不断地循环，则这种博弈被称为重复博弈。重复博弈可以分为有限次重复和无限次重复两类。最极端的有限次就是博弈只进行一次，也就是说博弈的参与者只有一次选择博弈行为的机会，这时博弈称为单次博弈。单次博弈的典型实例包括旅游景点的购物博弈、静态的囚徒困境等，重复博弈的实例包括商业经营中的回头客以及重复购物的消费者等。同样的博弈结构在重复有限次和无限次的情况下结果可能是不同的。反之，如果各个参与人在整个博弈中选择策略时不能循环，则这种博弈称为非重复博弈。在说到非合作博弈时，如果不另加说明，一般指非重复博弈。

如果按照博弈双方收益的总和来分类，博弈论还可以分成常和博弈和非常和博弈。对于两个非合作博弈来说，如果双方在博弈过程中的得失之和为一个常数，称为常和博弈。如果该常数为0，则称为零和博弈，零和博弈的对抗性最强，双方并无合作的基础。

零和博弈在博弈论研究历史上是最早研究的问题之一，在零和属性下（如果一方得益，另一方必然损失）博弈的结果可以通过最小最大法来求得。最小最大法的思想：对方会在自己的每一种选择中，选择使他收益最大的行为。由于零和，因此，自己的每一种选择，实际得到的该选择中可能的最小收益。因此，需要找出自己的每一种选择中对方留给自己的最小收益，然后选择最小收益最大的那个策略。

表 1.1　常和博弈的理性结局

	左	右
上	$\underline{-3}$，13	4，6
下	10，$\underline{0}$	$\underline{6}$，$\underline{4}$

博弈的结果也和博弈双方占有信息的程度有关，如果博弈参与者都掌握

对方的所有行为集以及各参与者的不同博弈行为组合下的收益情况（即支付函数），那么成为完全信息博弈。反之，如果博弈信息对参与者而言是不完备的，则称为不完全信息博弈。例如二手汽车市场，对买方来说通常存在着信息不完全，因为不知买车者的价格是否虚高，高多少（即不知对方可以选择的降价空间有多大），也不知对方报价下对方可以赚多少钱（收益）。

容易与不完全信息发生混淆的是不完美信息博弈。不完美信息博弈特指在动态博弈过程中，如果有参与者不知道先行动方的行为选择，则称为不完美信息博弈，就是说参与者对于博弈进行的路径存在模糊认识。例如，求职者可以有两个行为选择：通过读书获得文凭和购买假文凭。在求职者与用人单位的博弈中，对用人单位来说，这是一个不完美信息博弈，因为用人单位无法判断求职者到底选择了什么。在企业管理领域中，企业员工先选择工作努力或不努力，企业负责人后选择奖励或者不奖励。但在许多情况下，负责人无法了解员工是努力工作了还是没有努力工作，这就形成了不完美信息博弈，因此，负责人只有对员工平分奖励，形成了“吃大锅饭”。

第二大类博弈是合作博弈。这种博弈的对象也是确定的，博弈问题是大家在寻找一个对大家合作所取得的收益或者合作中产生的成本的分配方案，使每个博弈参与者都感到参加合作比不参加合作收益更高。

☞ 收益分配

设有四个参与人 1、2、3、4 商讨是否合作开办企业。如果四个人全部都参与合作，则办成的企业年收入可达100 万元；如果1 与2 合作，则所办的企业年收入为10 万元；如果 1 与 4 合作，年收入达到50 万元；如果 2 与 3 合作，收入为每年30 万元；如果3 与1 合作，年收入为60 万元；如果4 与2 合作，年收入为0；如果4 与3 合作，年收入为3 万元；如果每一个人单干，则每人的年收益都为0。

现在，四个人想找出一个合理的收益分配方案，使每一个人都愿意参加合作，从而创造出年收益 100 万元的好成绩。显然，如果任何小于四人的小组的合作收益比这个小组在四个人的“大组”中的分配到的收益高的话，这个小组的人就不会愿意参加这个四人的“大组”。这个问题，为典型的合作博弈问题。

第三大类是演化博弈。与前面两种博弈的最大区别在于，这种博弈的对象是不确定的，通常是每个参与人都会在非常大的群体中以一定的概率遇到某种“类型”（指持某种博弈策略的对象）的对手。在这种情况下，每一个参与人选择不同的策略，可能会导致自己不同的收益。在这样的情况下，由于博弈对象不确定，因此每一个参与人都无法知道自己究竟持何种策略更为有利。但是，如果这种博弈过程不断地重复，则每一个参与人就会渐渐地“学习”到持何种策略取得较大收益的概率会比较高。这样，对于群体来说，大家都会通过这种学习，不断地调整自己的策略，最后使博弈群体中的不同类型参与者的比例会趋于稳定，即这个比例不再变化。这种过程，就是演化博弈的过程。演化博弈论所要研究的问题，就是要预测群体中各类型参与人的比例的变化方向及变化的终点（稳定点）在哪里。

☞ 生意场上的演化博弈

竞争性市场中存在大量的企业博弈主体，每个参与企业都以一定的概率遇到“诚信”的对手，或者“不诚信”的对手。每个企业也都可以选择“诚信”或者“不诚信”的应对策略。如果选择诚信经营的收益比选择不诚信的收益大，那么在后续的商业交易过程中，大家都倾向于选择诚信策略，否则就是所有的博弈者都向着不诚信的策略，而最后的结果就是形成不同的商业风气和氛围。

博弈作为一种人类社会生活中的现象，一直与人类社会同在。博弈论的思想萌芽很早就出现于人类社会中。两千多年前，中国的《孙子兵法》中就显现了许多博弈论思想。

1712 年，詹姆斯・华尔德格拉特（James Waldradre）提出了在博弈中可以用“极小极大”方法来寻找最优博弈，即如果自己的每个策略都会随着对方选择不同策略而出现多个结果，则先把自己各个策略所导致的对自己最不利的结果找出来（即自己的各个策略所可能导致的各种收益的最小值），然后比较这些最小值，选择导致其中的最大的最小值的策略。这种方法可以有效地防止策略中遭到损失的风险。

1838 年，法国经济学家古诺（A. A. Cournot）针对两寡头竞争下的均衡产量这个经济管理问题，运用博弈思想进行了分析，利用“反应函数法”，通过对利润函数求导的方法找出了博弈的均衡点，即均衡产量。

在 20 世纪 20 年代，法国数学家波莱尔（Borel）提出了反映博弈过程中“不确定性出牌”现象的“混和策略”概念。

1944 年，冯·诺伊曼和摩根斯坦（Morgenstern）联合出版了《博弈论和经济行为》一书，该书的出版，被人们看作为较为系统的博弈理论初步形成的标志。

到 20 世纪 50 年代，吉尔斯（Gillies）和夏普利（Shapley）提出了合作博弈中的“核”（Core）的概念，这是合作博弈理论的重要进展。

在非合作博弈方面，纳什在 1950 年给出了“纳什均衡”的概念和均衡存在性定理，指出，对于任何有限参与人有限策略的非合作博弈，如果考虑混合策略，则必须至少有一个均衡点。同时，图克（Tucker）于 1950 年提出了“囚徒困境”（Prisoners’ dilemma）这个非合作博弈的著名例子。

1965 年，莱因哈德·泽尔腾（Reinhard Selten）重点研究了动态博弈中的纳什均衡点问题，提出了子博弈完美纳什均衡（Subgame Perfect Nash Equilibrium）概念。

在 20 世纪 60 年代，博弈论还产生了一个非常重要的分支——演化博弈。该分支产生于对生物进化现象的解释，比如，1960 年，雷威丁（Lewontin）开始用博弈理论解释生物的进化方向。

1973 年，梅纳德·史密斯和普莱斯（Maynard Smith and Price）等提出了演化博弈理论中的重要基本概念——演化稳定均衡点。

1982 年，约翰·梅纳德·史密斯（John Maynard Smith）出版了《演化与博弈论》，该书被认为是演化博弈论领域的经典著作。随后，泰勒和乔克（Taylor and Joker）提出了演化动态方程，使该理论日趋成熟，并且产生了大量的应用类研究。比如人们运用演化博弈来分析社会制度变迁、股市的走向、消费者对品牌的选择、社会习俗的形成过程等。

1.2 非合作博弈的三要素

在非合作博弈中，存在三个基本要素。

第一个基本要素是参与人（Player），一些中文的博弈论著作中称为局中人、博弈方等。参与人是博弈的主体，具有独立的判断与决策能力。在一个博弈中，参与人至少有两个，否则就构不成博弈对局，也可以更多。在演化博弈中，参与人通常是无穷多个的。具有 2 个参与人的博弈称为双人博弈，3 个参与人的博弈称为三人博弈，等等。参与人必须是可以独立地选择策略（博弈行为）的主体，参与人是广义的，不一定是个人，也可能是机构、团体、群体、甚至是大自然。

在博弈论著作中，参与人构成了参与人集合，用 N 表示 n 个参与人组成的集合，其中，i 个参与人，通常称为"参与人 i"。比如，对于 $n=3$ 的情况，其中，三个参与人分别表示为参与人 1、参与人 2、参与人 3，在不会引起混淆的情况下，可以直接用 1、2、3 代替。

第二个基本要素是参与人在博弈中需要选择的策略（Strategy）或者行为（Action）。其中，策略为规则性的。例如，"如果对方进攻我就反击"是一种策略，"如果对方进攻我就退让"也是一种策略。而行为则一般为单纯的对策选择，比如当对方来抢占自己企业的市场时，"通过把自己的产品降价进行反击对方"是一种行为，而"默认，不采取任何行为"也是一种行为。

在许多博弈论著作中，对策略和行为统一都用"策略"一词来表示，这是因为，可以把"行为"理解为一种简单的策略，或者说没有前提的策略。

在博弈过程中，每个参与人通常都有许多策略可以选择，因此，对于每个参与人来说，其可选择的策略称为该参与人的策略集。一般用 s_i 表示参与人 i 所选择的一个具体策略，则 S_i 为参与人 i 的策略集。所有的参与人的策略集形成的笛卡尔积 $S=\times_{i\in N}S_i$ 称为博弈的策略空间。这样，对于所有参与人来说，如果大家都选择了一个具体策略，则策略向量 $s=(s_1,s_2,\cdots,s_i,\cdots,s_n)$ 为策略空间 $S=\times_{i\in N}S_i$ 中的一个点。策略空间的每一个点都代表博弈的一个对局，它是所有参与人都具体选择自己的策略之后形成的，因此，是对所有参与人的策略选择的一个描述。

在博弈论中，策略分为两类。一类是纯策略（Pure Strategy），一类是混合策略（Mixed Strategy）。

纯策略是指参与人面对可选择的各种策略时，他在自己的策略集中必选择且只选择其中的一个策略。即对于策略集中的各种策略，要么被参与人选中，要么根本没有选中。用该参与人的策略矢量来表示，即：

设参与人 i 的策略集为 $S_i = \{s_{i1}, s_{i2}, \cdots, s_{im_i}\}$，其中，$m_i$ 为策略集 $S_i = \{s_{i1}, s_{i2}, \cdots, s_{im_i}\}$ 中的元素数量。

再设参与人 i 在自己的策略集中选择策略时，对于策略集 $S_i = \{s_{i1}, s_{i2}, \cdots, s_{im_i}\}$ 中各个策略的采用概率所形成的矢量（简称为参与人 i 的策略概率矢量）为 $P_i = \{p_{i1}, p_{i2}, \cdots, p_{im_i}\}$，如果 $P_i = \{p_{i1}, p_{i2}, \cdots, p_{im_i}\}$ 满足条件 $p_{ij} = \begin{cases} 1, \text{当 } s_{ij} \text{ 被采用时} \\ 0, \text{当 } s_{ij} \text{ 不被采用时} \end{cases}$，且 $\sum_{j=1}^{m_i} p_{ij} = 1$。则参与人 i 采取的策略为纯策略。

在一个博弈中，如果所有的参与人采用的都是纯策略，则该博弈称为纯策略博弈。

对于参与人 i 的策略概率矢量 $P_i = \{p_{i1}, p_{i2}, \cdots, p_{im_i}\}$，如果 $P_i = \{p_{i1}, p_{i2}, \cdots, p_{im_i}\}$，$0 \leqslant p_{ij} \leqslant 1$，且 $\sum_{j=1}^{m_i} p_{ij} = 1$，则参与人 i 采取的策略为混合策略。换句话说，在采用混合策略时，参与人对其策略集中的每一个元素都给予一个“介于0和1之间的采用概率（注意包括0与1）”。在这种情况下，参与人究竟采用什么策略具有一定的不确定性。

在一个博弈中，如果所有的参与人采用的都是混合策略，则该博弈称为混合策略博弈。

游戏“石头、剪子、布”就是一种混合策略博弈。对方到底会出“石头”，还是出“剪子”，还是出“布”，事先都具有很大的不确定性。

广义地理解，纯策略是混合策略的一个特例，它是混合策略的概率 p_{ij} 取端点值（0或1）时的情况。

第三个基本要素是收益（Payoff），一些中文博弈著作中也称为得益或者支付，它是指参与人在选择一定的策略或者行为后所得到的收获。需要注意的是，一些由函数表示的收益，也常常使用“效用”的概念，以便更为准确地反映参与人的真实收获。其实，由于许多收益并非经济指标，而是一些社会性收益，例如，在战争中取胜、争得面子、职务受到提拔等，而且不同的参与人情况不同，对同样事物的收获感也不同，因此，“效用”概念更能准确地表达博弈的收益。

一般来说，参与人 i 在博弈中的收益用 u_i 来表示。这样，全部参与人的收益也形成收益矢量 $U=(u_1,u_2,\cdots,u_i,\cdots,u_n)$，它实际上也是一个 n 维空间，称为收益空间。

定义了博弈三要素之后，一个博弈可以表示为 $G=(N,S,U)$，其中 N 为参与人集合，S 为策略空间，U 为收益空间。

1.3 非合作博弈的模型形式

非合作博弈有两种模型形式，一是矩阵型，二是展开型。

1.3.1 静态博弈的矩阵型表示

矩阵型，也称为收益矩阵（Payoff Matrix），是把各个参与人在不同策略组合下，各个参与人的收益用表格表示的描述非合作博弈的一种形式。一些博弈论著作中，有时也把博弈的矩阵型表示称为“博弈的正规型表示”。

矩阵型只适于描述静态博弈，而且当参与人较多时表格数量激增，较繁琐。

对于只有两个参与人的博弈，则可以用一个二维表来形成“博弈矩阵”，其中把一个参与人的策略纵向展开［称为行策略（Row Strategy），因为表格的每一行都代表该参与人的一个策略］，把另一个参与人的策略横向展开［称为列策略（Column Strategy），因为表格的每一列都代表该参与人的一个策略］，两个参与人相应的各种策略组合下各自的收益填写在表格中。例如，对于著名的囚徒困境博弈，其矩阵型为：

表 1.2　囚徒困境的博弈矩阵

	乙抵赖	乙坦白
甲抵赖	服刑 1 年，服刑 1 年	服刑 10 年，即刻获释
甲坦白	即刻获释，服刑 10 年	服刑 8 年，服刑 8 年

这个博弈说的是警方逮捕甲、乙两名嫌疑犯。由于警方分开审讯二人，从而在两名嫌疑犯之间形成了非合作博弈。甲、乙两名嫌疑犯可选择的策略集都是“抵赖，坦白”。每格中的收益，左边是甲的收益（支付），右边的是乙的收益（支付）。表 1.2 中，甲的策略为行策略，乙的策略为列策略。

表 1.3　3×2 策略时的博弈矩阵

	参与人 2 的策略 1	参与人 2 的策略 2
参与人 1 的策略 1	0，3	2，6
参与人 1 的策略 2	2，1	4，2
参与人 1 的策略 3	6，2	3，1

对于矩阵模型中的表格数，在两个参与人的情况下，模型中只有一个表格。如果参与人的数量多于 2 人，则矩阵模型中的表格数量就要增加，如果 $n \geq 3$ 为参与人数量，t 为矩阵模型中的表格数量，则 $t = S_3 \times S_4 \times \cdots S_n$，其中，$S_i$ 为参与人 i 的策略集中的策略数。即在 $n \geq 3$ 时，表格数量为第 3 个参与人之后的每个参与人的策略集中的策略数量的乘积。也可以看作是第 3 个参与人之后的每个参与人的策略集的笛卡尔积中的“点”的数量。

比如，当参与人 1 的策略数量为 4，参与人 2 的策略数量为 3，参与人 3 的策略数量为 2，则其博弈矩阵为表 1.4（a）和表 1.4（b）：

表 1.4（a）4×3×2 策略时的博弈矩阵之一（当参与人 3 采取策略 1 时）

	参与人 2 的策略 1	参与人 2 的策略 2	参与人 2 的策略 3
参与人 1 的策略 1	0，3，2	2，6，3	1，0，8
参与人 1 的策略 2	2，1，3	4，2，4	3，1，2
参与人 1 的策略 3	6，2，2	3，1，1	4，0，3
参与人 1 的策略 4	3，1，1	2，2，3	2，3，2

表 1.4（b）4×3×2 策略时的博弈矩阵之一（当参与人 3 采取策略 2 时）

	参与人 2 的策略 1	参与人 2 的策略 2	参与人 2 的策略 3
参与人 1 的策略 1	2，1，0	1，3，2	2，3，1
参与人 1 的策略 2	1，2，1	2，2，1	1，2，0
参与人 1 的策略 3	3，4，2	0，3，2	3，1，2
参与人 1 的策略 4	0，5，4	3，1，4	4，2，3

由表 1.4（b）可知，当参与人 1 采取策略 4，参与人 2 采取策略 3，参与人 3 采取策略 2 时，三个参与人的收益依次是 4、2、3（见表中阴影部分）。

☞ 胖子进门博弈

A 与 B 两人进一个窄门，如果两人都争，都进不了门，两人都让，也都进不了门，只有一争一让，才能进门。这时，争者先进门，让者后进门。设先进门者收益为 2，后进门者收益为 1，进不了门收益为 -1。把上述进门过程用博弈矩阵表示。

从博弈的三要素角度进行分析，A 和 B 两人构成博弈的参与者，各自的策略空间都是争或者让，将收益用矩阵的形式表示如下：

表 1.5　胖子进门的博弈矩阵

	B 争先	B 退让
A 争先	-1，-1	2，　1
A 退让	1，2	0，0

1.3.2　动态博弈的展开型表示

博弈的展开型模型，英文为Extensive Game Mold，是描述动态博弈的主要形式。一些博弈论著作中，常常把博弈的展开型表示称为博弈树。

在展开型中，点（Nodes）和边（Edges）组成了开放式树状图。博弈树通常有一个起始点，称为博弈树的根，然后不断地向下或者向右展开，每一个点在进一步展开时，至少有一个边（通常有两个及以上的边），每一个点表示某个参与人可以从自己的策略集中选择具体策略的时点，该点向下或者向右连接的边的数量，就是该参与人在这个时点上的策略集中的策略的数量。

需要注意的是，博弈树的最下端或者最右端（到底是最下还是最右，取决于博弈树展开的方向）的一些点，是没有进一步展开的边的，这些点被称为终点（Terminal Nodes）。在终点上，通常把各参与人的收益写出来，表示这是一个博弈的结局。

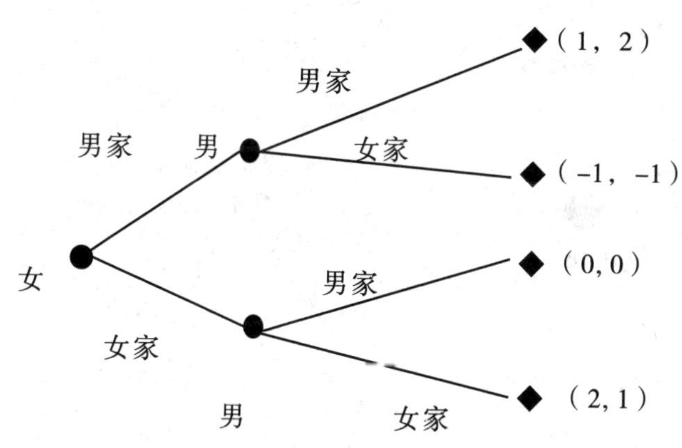

图1-1　女方先行动的夫妻博弈

图1-1所描述的是一对在外打工的小夫妻，在春节放假期间，为了到底是回男方家（简称为“男家”）过年还是回女方家（简称为“女家”）过年而形成的动态博弈问题的“博弈树”。男方想回男方老家过年，女方想回女方老家过年，但夫妻双方又不想分开各自回自己的老家过年，这对双方来说都是

最糟糕的结果。其中，如果双方一起到女方家过年，则女方收益为2，男方收益为1；如果双方一起到男方家过年，则女方收益为1，男方收益为2；如果男方到男方家过年，女方到女方家过年，则男女双方的收益都为0。图1－1表示的是女方先行动的动态博弈。

☞ 市场进入博弈

B企业是某产品的垄断企业，占有全部市场。现A企业想打进该市场生产与销售B企业的同类产品。因此，A有两个选择：进入，不进入（B收益为6，A收益为0）。A企业如果进入，则B企业有两个选择，降价打击A（B收益为2，A收益为－1），不降价打击A（B收益为4，A收益为2）。

分析该博弈过程，实际上博弈有两个阶段，第一个阶段企业A首先做出决策，是否进入该市场，第二个阶段B企业决定是否打击A企业。详见图1－2。

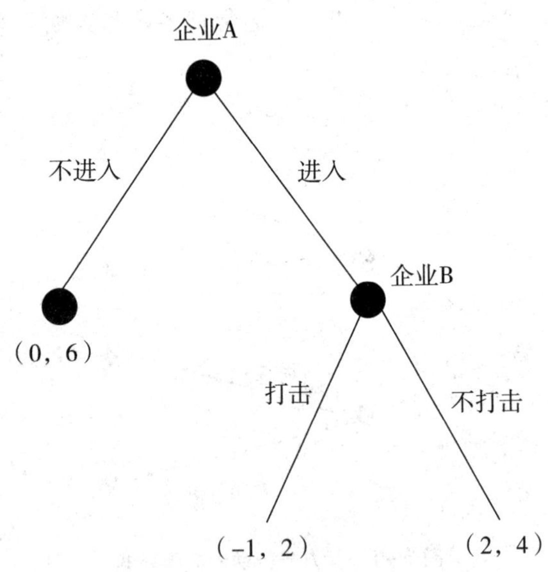

图1－2　市场进入的动态博弈

1.4　最优策略与最劣策略

1.4.1　最优策略

在非合作博弈中，有时对于其中某个参与人会出现这样一种情况：无论其他参与人选择什么策略，自己选择某个策略时，收益总是大于等于自己的其他策略。这策略就是该参与人的最优策略。

设对于博弈 $G=(N,S,U)$，S_{-i} 表示策略空间 $S=\times_{i\in N}S_i$ 中去掉参与人 i 的策略集 S_i 后所成的 $n-1$ 维策略空间，$s_{-i}\in S_{-i}$ 表示 S_{-i} 中的任意一个点（即任意一个不包括参与人 i 的策略的一个策略组合），s_i^* 表示参与人 i 的一个具体策略，$\{S_i-s_i^*\}$ 表示参与人 i 的策略集 S_i 中去掉 s_i^* 所成的策略集，则对于任何 $s_i\in\{S_i-s_i^*\}$，均有：

$$u_i(s_i^*,s_{-i})\geq u_i(s_i,s_{-i}) \tag{1-1}$$

则称为 s_i^* 为参与人 i 的一个最优策略。

例如，在囚徒困境博弈中，对于甲来说，无论乙的选择是“抵赖”还是“坦白”，甲如果选择“坦白”，自己的结果总是好于选择“抵赖”，因此，“坦白”对于甲来说就是一个最优策略。同样，“坦白”也是乙的一个最优策略。

1.4.2　最劣策略

与最优策略相反，有时对于其中某个参与人会出现这样一种情况：无论其他参与人选择什么策略，自己选择某个策略时，收益总是小于等于自己的其他策略。该策略就是该参与人的最劣策略。

设对于博弈 $G=(N,S,U)$，S_{-i} 表示策略空间 $S=\times_{i\in N}S_i$ 中去掉参与人 i 的策略集 S_i 后所成的 $n-1$ 维策略空间，$s_{-i}\in S_{-i}$ 表示 S_{-i} 中的任意一个点（即任意一个不包括参与人 i 的策略的一个策略组合），s_i^- 表示参与人 i 的一个具体策略，$\{S_i-s_i^-\}$ 表示参与人 i 的策略集 S_i 中去掉 s_i^- 所成的策略集，则对于任何 $s_i\in\{S_i-s_i^-\}$，均有：

$$u_i(s_i^-,s_{-i})\leq u_i(s_i,s_{-i}) \tag{1-2}$$

则称为 s_i^- 为参与人 i 的一个最劣策略。

例如，在囚徒困境博弈中，对于甲来说，无论乙的选择是“抵赖”还是“坦白”，甲如果选择“抵赖”，自己的结果总是劣于选择“坦白”，因此，对于甲来说“抵赖”就是一个最劣策略。同样，“抵赖”也是乙的一个最劣策略。

最优策略和最劣策略都是参与人自己和自己的策略进行比较，有些情况下最优策略和最劣策略都可能不存在。

1.4.3 相对最优策略

相比于最优策略，较弱的一种情况是，针对其他参与人的某一种策略组合（注意这个策略组合是其他人的，即不包括所指的参与人），该参与人选择某个策略（行为）时，收益总是大于等于自己的其他策略。这策略就是该参与人针对其他参与人该策略组合下的最优策略。

例如，设甲乙两个参与人的非合作博弈的博弈矩阵，如表 1.6 所示。

表 1.6 一个二人非合作博弈的例子

	乙的策略 1	乙的策略 2
甲的策略 1	2，3	5，1
甲的策略 2	3，1	2，4

表 1.7 标出了参与人甲的相对最优策略。由该表可以看出，对于参与人甲来说，如果乙选择了策略 1，则甲的相对最优策略是策略 2，如果乙选择了策略 2，则甲的相对最优策略是策略 1，其中，甲在自己的相对最优策略下的收益在表 1.7 中有下划线。

表 1.7 参与人甲的相对最优策略

	乙的策略 1	乙的策略 2
甲的策略 1	2，3	5，1
甲的策略 2	3，1	2，4

表1.8标出了参与人乙的相对最优策略。对于参与人乙来说，如果甲选择了策略1，则乙的相对最优策略是策略1，如果甲选择了策略2，则乙的相对最优策略是策略2，其中，乙在自己的相对最优策略下的收益在表1.8中有下划线。

表1.8 参与人乙的相对最优策略

	乙的策略1	乙的策略2
甲的策略1	2，3	5，1
甲的策略2	3，1	2，4

1.5　上策均衡与纳什均衡

1.5.1　上策均衡

所谓均衡是指博弈中的所有参与人所选策略形成的稳定组合，如果n个参与人在各自的策略集中都存在最优策略，那么就会形成上策均衡。

上策均衡的定义：

如果对于每一个参与人i来说，总是存在s_i^*，使得：

$$u_i(s_1,\cdots,s_{i-1},s_i^*,s_{i+1},\cdots,s_n) \geq u_i(s_1,\cdots,s_{i-1},s_i,s_{i+1},\cdots,s_n) \quad (1-3)$$

则称$s^* = (s_1^*,\cdots,s_n^*)$是博弈$G=(N, S, U)$的一个上策均衡点。

回顾上文中囚徒困境的例子，对于参与人甲来说，有：

U_1（坦白*，坦白）$\geqslant U_1$（抵赖，坦白）

U_1（坦白*，抵赖）$\geqslant U_1$（抵赖，抵赖）

对于参与人乙来说，有：

U_2（坦白，坦白*）$\geqslant U_2$（坦白，抵赖）

U_2（抵赖，坦白*）$\geqslant U_2$（抵赖，抵赖）

因此，s^* =（坦白，坦白）为上策均衡。

上策均衡是博弈参与者都存在最优策略，并不约而同选择最优策略的条件下才出现的均衡组合，由于彼此双方都选择了自己的最优策略，因而不会发生改变，形成了稳定的均衡状态。由此可见，上策均衡的形成条件相对较强，因为在现实中并不是每个参与人都具有最优策略的。对应于管理学，管理者面对的往往不是最优选择，而只能是满意的选择，上策均衡也就不会出现了。下面介绍的纳什均衡就是对均衡的概念做出拓展，在实践中更为常见。

1.5.2 纳什均衡

纳什均衡（Nash Equilibrium）是非合作博弈中一个非常重要的术语，以其提出者约翰·纳什命名。

纳什均衡是非合作博弈中的所有参与人所选策略的稳定组合。这时，每个参与人的策略都是对其他参与人策略组合的相对最优策略。也就是说，在达到纳什均衡时，对于其中任何一个参与人来说，如果其他参与人的当前策略不变，则该参与人如果改变自己的当前策略，都会引起自己的收益减少（当自己的策略是严格的相对最优策略时）或者至少不会增加自己的收益（当自己的策略是弱的相对最优策略时）。

纳什均衡是约翰·福布斯·纳什（John Forbes Nash Jr）的题为《非合作博弈》（1950）的博士论文中提出来的。该博士论文后来以《n 人博弈中的均衡点》（1950）和《非合作博弈》（1951）两篇论文的形式发表。这些论文中提出了任意人数的参与人的非合作博弈中存在一种通用解（纳什前面的学者所讨论的基本都是两人零和博弈）。这个解后来被人们称为纳什均衡（Nash Equilibrium）。

纳什均衡的正规定义：

设 $s^* = (s_1^*, \cdots, s_n^*)$ 是博弈 $G = (N, S, U)$ 的策略空间 S 中的一个点（即 n 个参与人的一个策略组合），如果对于每一个参与人 i 来说，都有：

$$u_i(s_1^*, \cdots, s_{i-1}^*, s_i^*, s_{i+1}^*, \cdots, s_n^*) \geq u_i(s_1^*, \cdots, s_{i-1}^*, s_i, s_{i+1}^*, \cdots, s_n^*) \quad (1-4)$$

则称 $s^* = (s_1^*, \cdots, s_n^*)$ 是博弈 $G = (N, S, U)$ 的一个纳什均衡。

需要注意的是，$s^* = (s_1^*, \cdots, s_n^*)$ 中的各个参与人的策略，既可以是纯策略，也可以是混合策略。

☞ 囚徒困境的纳什均衡

为了便于比较，我们把表 1.2 的囚徒困境博弈中的收益全部改成数字形式（服刑年数）（见表 1.9），注意数字越大表示被判罚的刑期越长，因此，两个参与人所追求的是数字尽可能小。

表 1.9　囚徒困境博弈的数字形式矩阵

	乙抵赖	乙坦白
甲抵赖	1，1	10，0
甲坦白	0，10	8，8

这个博弈只有一个纯策略纳什均衡，即（甲坦白，乙坦白）。由表 1.9 可以看出，无论乙选择“抵赖”还是“坦白”，甲的最优策略总是“坦白”，反之，对于乙来说也是一样，无论甲选择“抵赖”还是“坦白”，乙的最优策略总是“坦白”。

可见，在这个例子中上策均衡和纳什均衡是相同的。那么两者有何不同呢？上策均衡只是纳什均衡的一个特殊情况，即双方存在占优策略的情况下的策略组合。上策均衡一定是纳什均衡，但纳什均衡不一定是上策均衡。纳什均衡、上策均衡之间的关系如图 1－3 所示。

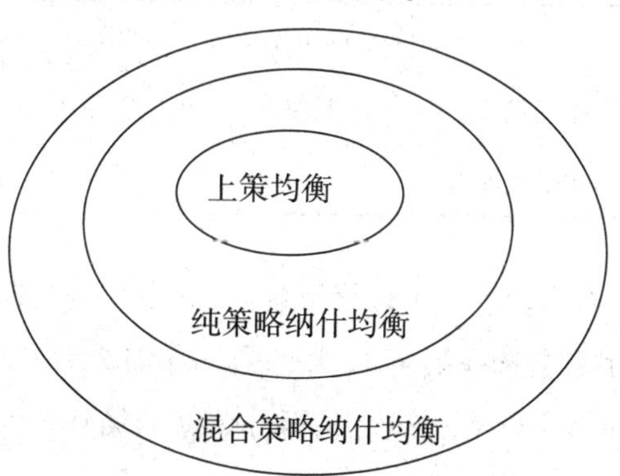

图 1－3　不同均衡概念之间的关系

纳什均衡的解具有深刻的管理意义，反映了个体理性和集体理性之间的矛盾，个体的理性选择对个体利益最大，但是却造成了集体收益的下降。每个人都在追求私利的同时对他人造成负面影响，而这个结论对传统市场机制的效用提出了质疑。

☞ 纳什均衡的另一例子

表1.10是两个参与人进行非合作博弈的另一个例子。在这个例子中，我们假设收益的数字越大越好。观察表1.10可以发现，该博弈存在两个纯策略纳什均衡：（甲策略1，乙策略2）与（甲策略2，乙策略1）。

表1.10　纳什均衡的另一个例子

	乙策略1	乙策略2
甲策略1	4，2	5，6
甲策略2	6，8	3，2

注意，上述例子中的两个纳什均衡不是占优策略所形成的。因为对于甲来说，当乙选择策略1的时候，甲的策略2比策略1收益更好，但是当乙选择策略2的时候，甲的策略1比策略2更好。

☞ 没有纯策略纳什均衡

表1.11　二人非合作博弈的例子

	乙的策略1	乙的策略2
甲的策略1	2，3	5，1
甲的策略2	3，1	2，4

由表1.11可以看出，甲如果选择策略1，则乙就应当选择策略1，而如果乙选择了策略1，甲就会选择策略2，甲选择了策略2后，乙就会选择策略2，乙选择策略2后，甲又回到策略1。从而开始新的循环。因此，表1.11所示的博弈，没有纯策略的纳什均衡。

通过上述几个例子，可以看出，对于一个有限参与人并且有限策略的非合作博弈，有的没有纯策略的纳什均衡，有的只有一个纳什均衡，有的多于一个的纳什均衡。

1.5.3　纳什定理与奇数定理

上述三个例子中，纳什均衡的数量都不同。因此，很自然的一个问题是，通常情况下，对于一个非合作博弈 $G = (N,S,U)$ 来说，共有几个纳什均衡？

对此，纳什于1950年给出了结果，即纳什定理。

纳什定理：在参与人数量有限及每个参与人的纯策略集为有限集的情况下，如果把每个参与人的纯策略集扩展成混合策略集，则非合作博弈 $G = (N,S,U)$ 至少有一个纳什均衡。

纳什定理说明，对于有限参与人有限纯策略集的非合作博弈来说，如果把混合策略考虑在内，则至少能够找到一个纳什均衡。

更进一步地，威尔逊（Robert Wilson）教授在1971年证明了：几乎所有静态有限策略博弈的纳什均衡数量都是有限的，并且这个数量是奇数。这就是著名的奇数定理。

1.6　静态博弈的纳什均衡的寻找方法

1.6.1　上策均衡的寻找方法——重复剔除严格劣策略

理性的博弈参与者肯定会选择自己的最优策略、剔除最劣策略与其他参与人进行博弈，类似的，竞争对手也会在自己的策略空间内避免选择劣策略，如果双方的策略组合恰好都是剔除了劣策略之后所形成的，那么稳定的上策均衡就出现了。

☞ 可重复剔除严格劣的上策均衡

表1.12　二人非合作博弈的例子

	参与人2的策略左	参与人2的策略中	参与人2的策略右
参与人1的策略上	1，0	1，2	0，1
参与人1的策略下	0，3	0，1	2，0

如表 1.12 所示的二人博弈，参与人 1 的策略空间 S_1 = {上，下}，参与人 2 的策略空间 S_2 = {左，中，右}，显然，如果参与人 2 足够理性，那么他不会选择策略右，因为相对于策略中而言，策略右的收益总是差一些（1 <2，0 <1）。故在参与人 2 的策略空间内剔除劣策略右，此时，博弈矩阵简化为表 1.13 的情形，即参与人 1 也会理性的预期到参与人 2 的剔除。

表 1.13　参与人 2 剔除右策略之后的博弈矩阵

	参与人 2 的策略左	参与人 2 的策略中
参与人 1 的策略上	1，0	1，2
参与人 1 的策略下	0，3	0，1

此时，如果参与人 1 足够理性，那么在表 1.13 中，他不会选择策略下，因为相对于策略上而言，策略下总是收益差一些。故参与人剔除策略下，形成表 1.14 的博弈对局。

表 1.14　参与人 1 剔除下策略之后的博弈矩阵

	参与人 2 的策略左	参与人 2 的策略中
参与人 1 的策略上	1，0	1，2

在表 1.14 的情况中，参与人 2 会继续剔除策略中，因为相对策略左，此时策略中又变成了劣策略。最后的上策均衡如表 1.15 所示。因此，（上，中）即为通过重复剔除严格劣策略得到的上策均衡。

表 1.15　参与人 2 剔除中策略之后的上策均衡

	参与人 2 的策略左
参与人 1 的策略上	1，0

从上述过程可以看出，重复剔除严格劣策略可以使得博弈矩阵得到简化，并最终形成均衡状态，而且根据定义可知上策均衡一定也是纳什均衡。也就是说对于存在劣策略的博弈，可以通过重复剔除的方式得到纳什均衡。

但是，重复剔除严格劣的方法也有一定的局限性。首先，如果不存在严格劣的情况下就无法剔除了。其次在剔除过程中，需要不断假设参与人的理性程度，剔除的策略不同可能导致最终形成的均衡结果也不同。

☞ 重复剔除严格劣的又一示例

表 1.16　重复剔除严格劣的案例之一

	参与人 2 的策略左	参与人 2 的策略右
参与人 1 的策略上	5，1	4，0
参与人 1 的策略中	6，0	3，1
参与人 1 的策略下	6，4	4，4

对应于表 1.16 的博弈过程，参与人 1 首先剔除策略上和首先剔除策略中所得到的均衡是不同的。若剔除上策略，最终的均衡结果是（下，右），若剔除中策略，最终的均衡结果是（下，左）。

1.6.2　纯策略的纳什均衡寻找方法

1.6.2.1　相对最优策略划线法

对于一个不存在最优策略的静态博弈，如何寻找其中的纳什均衡呢？王则柯与李杰编著的教材《博弈论教程》中，给出了一种非常简单的寻找纳什均衡的方法——相对最优策略划线法。

这种方法主要是针对每个参与人，找出在其他参与人的各种策略组合下，自己的相对最优策略，并且把自己在相对最优策略下的收益数字下面划线。在收益矩阵中，如果某个格子中的所有参与人的收益数字下面都有划线，则这个格子所对应的各个参与人的策略为纳什均衡。

显然，相对最优策略划线法只适于寻找纯策略的纳什均衡。

例如，对于表 1.17 所示的非合作博弈，相对最优策略划线法的步骤为：

表 1.17　非合作博弈案例之一

	乙策略 1	乙策略 2
甲策略 1	24，2	5，6
甲策略 2	6，8	3，2

首先，寻找甲的相对最优策略。

假设乙采取策略 1，则甲的相对最优策略为策略 2；如果乙采取策略 2，则甲的最优策略为策略 1。这样，表 1. 17 的划线结果为表 1. 18：

表 1.18　划线结果

	乙策略 1	乙策略 2
甲策略 1	4，2	5，6
甲策略 2	6，8	3，2

然后，再寻找乙的相对最优策略。假设甲采取策略 1，则乙的相对最优策略为策略 2；如果甲采取策略 2，则乙的最优策略为策略 1。这样，表 1. 18 的划线结果为表 1. 19：

表 1.19　划线结果

	乙策略 1	乙策略 2
甲策略 1	4，2	5，6
甲策略 2	6，8	3，2

观察表 1. 19，可以发现两个纳什均衡：（甲策略 1，乙策略 2）、（甲策略 2，乙策略 1）。

☞ 情侣博弈

考察表 1. 20 所示的博弈矩阵，是指情侣之间在决定约会内容的博弈过程，其中行表示男生，列表示女生，试分析其纳什均衡。

表 1.20　情侣博弈矩阵

	足球	芭蕾
足球	2，1	0，0
芭蕾	0，0	1，2

根据划线法的步骤，先观察第一列，即女方选择看足球的情况下，男方的最好选择也是足球，因此在第一列的 2 下面划线；再观察第二列，在女方选择芭蕾的情况下，男方的最好选择是芭蕾，所以在第二列的 1 下面划线。

从女生的角度来看，观察第一行，男方选择足球的时候，女方的最好选择也是足球，因此在第一列的 1 下面划线；观察第二行，男方选择芭蕾的时候，女方的最好选择也是芭蕾，因此在第二列的 2 下面划线。

综合下来，该博弈有两个纳什均衡，分别是（足球，足球）和（芭蕾，芭蕾）。一起看芭蕾或者一起看足球对于情侣来说都是理性的选择，换句话说就是二人协同就可以双赢，如果二人各自选择自己偏好的约会活动则会造成双输的结果。但是两个纳什均衡到底哪一个在实际中会出现，就不是博弈论本身能够回答的问题了，不同的情侣在不同的心理状态下会选择不同的均衡结局。这个例子告诉我们，判断现实的理性选择仅仅靠博弈论还不够。

☞ 最后归宿博弈

考虑甲、乙二人博弈，其收益矩阵如表 1.21 所示。试问纳什均衡是什么?

表 1.21　甲、乙二人博弈的收益矩阵

	乙的策略 a	乙的策略 b	乙的策略 c
甲的策略 A	2，2	3，1	0，2
甲的策略 B	1，3	2，2	3，2
甲的策略 C	2，0	2，3	2，2

这个博弈矩阵在对角线上的收益都是相同的，其余位置的收益组合正好

是对称的关系。通过划线法可以得到表 1.22 的均衡结果。

表 1.22　均衡结果

	乙的策略 a	乙的策略 b	乙的策略 c
甲的策略 A	2，2	3，1	0，2
甲的策略 B	1，3	2，2	3，2
甲的策略 C	2，0	2，3	2，2

故纳什均衡是（A，a）。但是细心的读者会发现由于对角线的收益都相同，所以甲选择 C 的时候似乎风险更小，因为在最后一行，甲在所有情况下的收益都是 2，但如果甲选择 C，乙的选择可能是 b，此时甲又会选择 A，最后又会在（A，a）处形成稳定的状态。纳什均衡就像一个有吸引力的黑洞，在为没有外力强加的作用下，所有的参与人都会不约而同地选择纳什均衡策略，而不会单方面做出背离。

1.6.2.2　连续策略空间下的最优反应函数法

最优反应函数还可以用于求解连续策略空间下的静态博弈中，下面以古诺模型为例来说明这种方法。

☞ 古诺模型

古诺模型描述的是两个厂商在生产同质产品时，其产量决策是如何在博弈中达到均衡的过程。其条件是：

某种产品，共有两个企业 1 与 2 来生产，该产品的生产成本为零。

假设该产品的市场需求价格函数为 $P = a - (q_1 + q_2)$。其中，P 是该产品的市场售价，a 为常数，q_1 与 q_2 是企业 1 与企业 2 的产量。两个企业都准确地了解该市场需求曲线。

在不合作博弈的情况下，两个企业都是先估计对方的产量，然后来确定能够给自己企业带来最大利润的产量。

重要的是，这两个企业在决定自己的产量时，必须同时决策的，不存在某一企业先确定其产量的情况。

设：u_1 为第 1 个企业的利润，u_2 为第 2 个企业的利润，则：

$$u_1 = q_1 P = q_1[a - (q_1 + q_2)] \quad (1-5)$$

$$u_2 = q_2 P = q_2[a - (q_1 + q_2)] \quad (1-6)$$

求企业 1 与企业 2 的最优产量：

$$\frac{\partial u_1}{\partial q_1} = a - (q_1 + q_2) - q_1 = a - q_2 - 2q_1 = 0 \quad (1-7)$$

$$\frac{\partial u_2}{\partial q_2} = a - (q_1 + q_2) - q_2 = a - q_1 - 2q_2 = 0 \quad (1-8)$$

解得企业 1 与企业 2 的最优产量，这里的最优产量就是最优反应函数：

$$q_1{}^* = \frac{1}{2}(a - q_2) \quad (1-9)$$

$$q_2{}^* = \frac{1}{2}(a - q_1) \quad (1-10)$$

在两个企业完全一样的情况下，解上述联立方程，得到两个企业同时决策产量的博弈的纳什均衡解为：

$$q_1{}^* = q_2{}^* = \frac{a}{3} \quad (1-11)$$

因此，古诺模型的纳什均衡为 $(\frac{a}{3},\frac{a}{3})$。

1.6.3　混合策略的纳什均衡的寻找方法

1.6.3.1　极值法

相对最优策略划线法只是适于寻找纯策略纳什均衡。如果博弈中不存在纯策略的纳什均衡，该如何求解呢？

☞“石头、剪刀、布”博弈

表 1.23 表示的是两个小孩玩“石头、剪子、布”游戏的非合作博弈矩阵。其中，如果在对局中得胜，收益为 1；如果平局，收益为 0；如果失败，收益为 -1。

表 1.23 “石头、剪子、布”游戏的非合作博弈矩阵

	乙石头	乙剪子	乙布
甲石头	0，0	1，-1	-1，1
甲剪子	-1，1	0，0	1，-1
甲布	1，-1	-1，1	0，0

观察表 1.23，可以发现这是一个“零和博弈”，即每一局结果中，甲与乙的收益之和为 0。这是一种对抗性很强的非合作博弈，即一方有收益另一方必定有损失。

先试着用相对最优策略划线法找一下纯策略纳什均衡，划线结果如表 1.24：

表 1.24 划线结果

	乙石头	乙剪子	乙布
甲石头	0，0	1，-1	-1，1
甲剪子	-1，1	0，0	1，-1
甲布	1，-1	-1，1	0，0

观察表 1.24 可以看出，这个博弈没有任何一个单元格内双方收益下均被划线，因此，该博弈没有纯策略纳什均衡。

这个博弈是否存在混合策略纳什均衡。为此，设：

甲采取“石头”“剪子”“布”的概率依次为：$p_{11}, p_{12}, 1-(p_{11}+p_{12})$

乙采取“石头”“剪子”“布”的概率依次为：$p_{21}, p_{22}, 1-(p_{21}+p_{22})$

当甲采取策略“石头”时，其期望收益为：

$$u_{11} = 0 \times p_{21} + 1 \times p_{22} + (-1) \times p_{23} = p_{22} - p_{23} \qquad (1-12)$$

当甲采取策略“剪子”时，其期望收益为：

$$u_{12} = (-1) \times p_{21} + 0 \times p_{22} + 1 \times p_{23} = -p_{21} + p_{23} \qquad (1-13)$$

当甲采取策略“布”时，其期望收益为：

$$u_{13} = 1 \times p_{21} + (-1) \times p_{22} + 0 \times p_{23} = p_{21} - p_{22} \quad (1-14)$$

当乙采取策略“石头”时，其期望收益为：

$$u_{21} = 0 \times p_{11} + 1 \times p_{12} + (-1) \times p_{13} = p_{12} - p_{13} \quad (1-15)$$

当乙采取策略“剪子”时，其期望收益为：

$$u_{22} = (-1) \times p_{11} + 0 \times p_{12} + 1 \times p_{13} = -p_{11} + p_{13} \quad (1-16)$$

当乙采取策略“布”时，其期望收益为：

$$u_{23} = 1 \times p_{11} + (-1) \times p_{12} + 0 \times p_{13} = p_{11} - p_{12} \quad (1-17)$$

由于设甲、乙两个小孩都是混合策略（即一会儿出“石头”、一会儿出“剪子”、一会儿出“布”，每个小孩的选择只是出这些手势的概率），因此：

甲的期望收益为：

$$\begin{aligned} u_1 &= p_{11}u_{11} + p_{12}u_{12} + p_{13}u_{13} \\ &= p_{11}(p_{22} - p_{23}) + p_{12}(-p_{21} + p_{23}) + p_{13}(p_{21} - p_{22}) \\ &= p_{11}(p_{22} - p_{23}) + p_{12}(-p_{21} + p_{23}) + (1 - p_{11} - p_{12})(p_{21} - p_{22}) \\ &= p_{11}(2p_{22} - p_{23} - p_{21}) + p_{12}(-2p_{21} + p_{23} + p_{22}) + (p_{21} - p_{22}) \end{aligned} \quad (1-18)$$

乙的期望收益为：

$$\begin{aligned} u_2 &= p_{21}u_{21} + p_{22}u_{22} + p_{23}u_{23} \\ &= p_{21}(p_{12} - p_{13}) + p_{22}(-p_{11} + p_{13}) + (1 - p_{21} - p_{22})(p_{11} - p_{12}) \\ &= p_{21}(2p_{12} - p_{13} - p_{11}) + p_{22}(-2p_{11} + p_{13} + p_{12}) + (p_{11} - p_{12}) \end{aligned} \quad (1-19)$$

$$u_2 = p_{21}(p_{12} - p_{13}) + p_{22}(-p_{11} + p_{13}) + p_{23}(p_{11} - p_{12}) \quad (1-20)$$

然后，求甲、乙两人的最优策略。

先分别求甲、乙两人的收益函数的偏导数：

$$\frac{\partial u_1}{\partial p_{11}} = 2p_{22} - p_{23} - p_{21} = 2p_{22} - 1 + p_{22} + p_{21} - p_{21} = 3p_{22} - 1 \quad (1-21)$$

$$\frac{\partial u_1}{\partial p_{12}} = -2p_{21} + p_{23} + p_{22} = -2p_{21} + 1 - p_{21} - p_{22} + p_{22} = 1 - 3p_{21} \quad (1-22)$$

$$\frac{\partial u_2}{\partial p_{21}} = 2p_{12} - p_{13} - p_{11} = 2p_{12} - 1 + p_{12} + p_{11} - p_{11} = 3p_{12} - 1 \tag{1-23}$$

$$\frac{\partial u_2}{\partial p_{22}} = -2p_{11} + p_{13} + p_{12} = -2p_{11} + 1 - p_{11} - p_{12} + p_{12} = 1 - 3p_{11} \tag{1-24}$$

解联立方程：

$$\begin{cases} \dfrac{\partial u_1}{\partial p_{11}} = 3p_{22} - 1 = 0 \\ \dfrac{\partial u_1}{\partial p_{12}} = 1 - 3p_{21} = 0 \\ \dfrac{\partial u_2}{\partial p_{21}} = 3p_{12} - 1 = 0 \\ \dfrac{\partial u_2}{\partial p_{22}} = 1 - 3p_{11} = 0 \end{cases}$$

得：

$$p_{11} = \frac{1}{3}, p_{12} = \frac{1}{3}, p_{13} = 1 - p_{11} - p_{12} = \frac{1}{3} \tag{1-25}$$

$$p_{21} = \frac{1}{3}, p_{22} = \frac{1}{3}, p_{23} = 1 - p_{21} - p_{22} = \frac{1}{3} \tag{1-26}$$

即两个小孩的纳什均衡为$[(\frac{1}{3},\frac{1}{3},\frac{1}{3}),(\frac{1}{3},\frac{1}{3},\frac{1}{3})]$，即甲采取“石头”“剪子”“布”的概率皆为三分之一，乙采取“石头”“剪子”“布”的概率也皆为三分之一。

仔细思考一下，这个纳什均衡的确有道理：只要对方出某个手势（比如出“石头”）的概率大一些，就马上可以找到一个对应手势（比如出“布”）使自己获胜次数多一些。因此，最优的策略是出各个手势的概率都相同。这样，对方就没有占上风的机会。

1.6.3.2　无差别法

对于利益矛盾的非合作博弈，求解混合策略的纳什均衡还有一种相对简便的方法—无差别法。

其具体逻辑是对于各方利益矛盾（即对方利益增加会引起自己的利益的减少）的非合作博弈，一个直观的想法就是使对方选择各种混合策略的收益都相同，这样对方就无法寻找到取得额外收益的混合策略。

只要使对方在其策略集中选择各个纯策略的收益都相同，则对方的各种混合策略的收益也相同。这是因为收益相同的各种纯策略，无论如何以全概率组合（策略集中所有纯策略的概率之和为1），这些组合（即混合策略）的收益也是相同的。由此，得到简单的判断方法：使自己方的混合策略使对方的各个纯策略的收益都相同，就是自己的最优策略（均衡策略）。

☞ *石头、剪刀、布博弈的无差别解法*

根据无差别法的思路，就是要求对于博弈参与者甲而言，他采取策略“石头”的期望收益与采取策略“剪子”和策略“布”应该都相等，即：

$$u_{11} = u_{12} = u_{13}$$

由此得到如下方程组：

$$p_{22} - p_{23} = -p_{21} + p_{23} = p_{21} - p_{22}$$

同时考虑：

$$p_{21} + p_{22} + p_{23} = 1$$

可得 $p_{21} = p_{22} = p_{23} = \frac{1}{3}$。

博弈参与者甲的三种策略选择的期望收益都相等，表明即使甲掌握了乙采用各策略的概率，也无法从中获得更高的收益，换句话说，由于乙的随机化行为选择导致了甲的预测无效性。

同理，甲也可以随机化自己的行为概率，使得乙的收益也没有差异，即：

$$u_{21} = u_{22} = u_{23}$$

$$p_{12} - p_{13} = -p_{11} + p_{13} = p_{11} - p_{12}$$

同时根据 $p_{11} + p_{12} + p_{13} = 1$

可得 $p_{11} = p_{12} = p_{13} = \frac{1}{3}$。

☞ *混合策略纳什均衡的无差别解法*

考虑两个博弈参与人在进行如表1.25所示，试求其混合策略的纳什均衡。

表 1.25 甲乙博弈参与人

	乙策略 C	乙策略 D
甲策略 A	2，3	5，2
甲策略 B	3，1	1，5

分析该矩阵，用划线法可知不存在纯策略的纳什均衡，采用收益无差别求解。

设参与人甲选择策略 A 的概率为 P_A，选择策略 B 的概率为 $1-P_A$；参与人乙选择策略 C 的概率为 P_C，选择策略 D 的概率为 $1-P_C$。根据收益的无差异性，可得：

$$2\times P_C+5\times(1-P_C)=3\times P_C+1\times(1-P_C)$$

$$3\times P_A+1\times(1-P_A)=2\times P_A+5\times(1-P_A)$$

所以 $P_A=0.8$，$P_C=0.8$。

混合策略的纳什均衡就是甲以 0.8 的概率选择策略 A、0.2 的概率选择策略 B，乙以 0.8 的概率选择策略 C、0.2 的概率选择策略 D。此时两个人的期望收益相对最优。

1.6.3.3 混合策略博弈的最优反应函数法

在博弈论中，最优反应就是指在给定其他参与者策略的前提下，能够给博弈参与人带来最大收益的策略集合，类似于前文提到的相对最优策略。而最优反应函数就是针对对手的每种可能选择的最优反应行为构成的函数。下面分别就混合策略和连续策略两种情况下，介绍最优反应函数的构成。

☞ 匹配博弈

有两个好朋友在做猜硬币的游戏，硬币有正面和反面，如果两人猜的结果一致，则甲输给乙 1 块钱；如果两人猜的结果不一致，那么乙付给甲一块钱。具体博弈矩阵如表 1.26 所示。

表 1.26 匹配博弈

	乙猜正面	乙猜反面
甲猜正面	-1，1	1，-1
甲猜反面	1，-1	-1，1

显然，该博弈不存在纯策略的纳什均衡。故设甲猜正面的概率是 p，乙猜正面的概率是 q。甲的期望收益为 u_1，乙的期望收益为 u_2，根据

$u_1 = -1 \times p \times q + 1 \times p \times (1-q) + 1 \times (1-p) \times q + (-1) \times (1-p) \times (1-q) = (2p-1) \times (1-2q)$ 针对函数 u_1 的取值可以得到 p 和 q 之间的函数关系：

$$p = \begin{cases} 1 & 0 \le q < \frac{1}{2} \\ [0,1] & q = \frac{1}{2} \\ 0 & \frac{1}{2} < q \le 1 \end{cases}$$

同理，根据

$u_2 = 1 \times p \times q + (-1) \times p \times (1-q) + (-1) \times (1-p) \times q + 1 \times (1-p) \times (1-q) = (2p-1) \times (2q-1)$ 也可以得到 q 关于 p 的函数关系：

$$q = \begin{cases} 0 & 0 \le p < \frac{1}{2} \\ [0,1] & p = \frac{1}{2} \\ 1 & \frac{1}{2} < p \le 1 \end{cases}$$

这两个函数就是所谓的最优反应函数。将两条反应函数合并在一张图上，两个反应函数的交点即为纳什均衡，如图 1-4 所示。

1.7 动态博弈纳什均衡的逆向归纳求解

动态博弈的纳什均衡的求法，主要是逆推法（Rollback Method），即从表

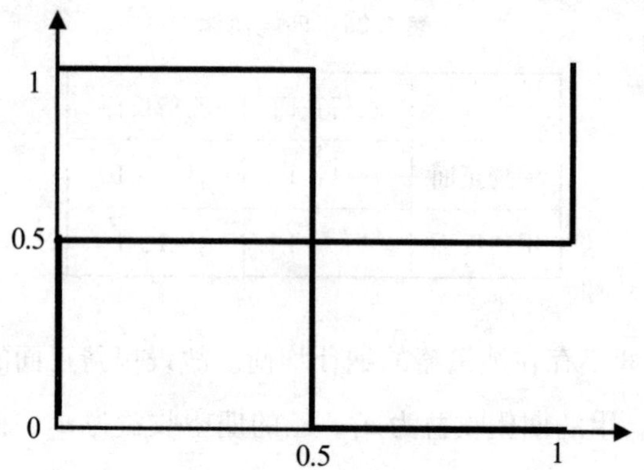

图 1－4　匹配博弈的最优反应函数图

示动态博弈的博弈树末端开始，假设每个博弈参与人都能够对各种策略（行为）组合下自己及其他参与人的收益进行准确的判断和观察，则从最末端的收益结果开始，判断各个参与人的收益情况，并由此来估计导致这些结果之前的参与人在追求收益最大化情况下的行为选择。

下面，我们仍然以女方先行动的夫妻博弈（图 1－5）为例，来说明逆推法的过程。

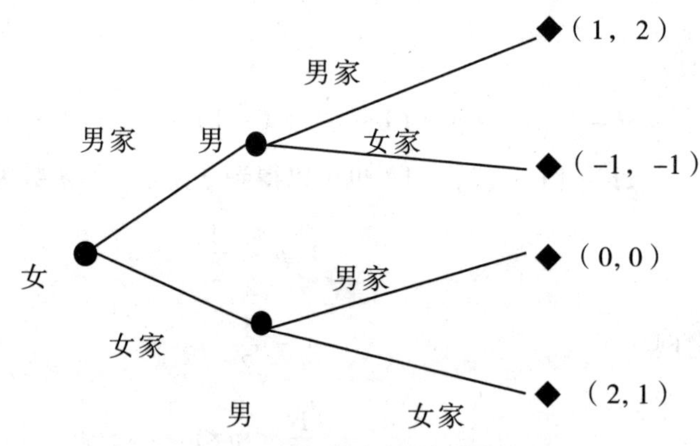

图 1－5　女方先行动的夫妻博弈

逆推法的具体过程为：

首先看在女方已经选择了“男家”情况下，男方如何选择。由图 1－5 的上部，可以看出，在女方已经选择了“男家”的情况下，这时如果男方选择“男家”，则男方收益得“2”，女方得“1”。但如果男方选择了“女家”，则结果就是男方到女方家过年，女方到男方家过年，双方由于既无法到自己父母家过年，又不能团聚，因此男女双方都得“-1”。这样，可以看出，如果女方已经选择了到男方家过年，则男方出于对收益的考虑，必然会选择“男家”。这时，再判断女方选择“男家”情况下女方对自己收益的估计，即得“1”。

再看在女方已经选择了“女家”情况下，男方如何选择。由图1-5的下部，可以看出，在女方已经选择“女家”的情况下，如果男方选择“女家”，结果是夫妻一起到女方家过年，则男方收益得“1”，女方得“2”。但如果男方坚持选择“男家”，则结果就是男方回自己老家过年，女方回自己老家过年，双方能够回到自己父母家过年，但不能团聚，因此收益与损失抵消，男女双方都得“0”。可以看出，如果女方已经选择了回自己家过年，则男方从自己收益的角度考虑，也会选择“女家”。这样，对于女方来说，她会估计到，自己选择“女家”时，自己的收益是“2”。

综合上述情况，如果让女方先行动，则她会估计到，如果自己选择“男家”，则自己的收益为“1”，如果自己选择“女家”，则自己的收益为“2”。因此，女方经过收益估计之后，她就会选择“女家”。

这就是利用逆推法得到的动态博弈的纳什均衡：女方先行动，选择到“女家”，男方后行动，选择到“女家”。

需要注意的是，一般情况下，动态博弈的纳什均衡与各个参与人的行为顺序有关。在本书后面将看到，如果是男方先行动，则该博弈的纳什均衡结果为男方选择到“男家”，女方选择到“男家”。

☞ 动态博弈求解

一个两人参与的博弈，参与者1先行动，选择U或者D策略，然后轮到参与者2行动，他选择L或者R策略。动态博弈树如图1-6所示，试用逆向归纳法求解该动态博弈的纳什均衡。

分析：假设博弈已经进行到第二阶段，轮到参与者2进行选择，在左边的分支中，参与者2会选择R策略，因为5>2；在右边的分支中，参与者2会选择L策略，因为2>1。倒推到第一阶段，轮到参与者1选择时，则会选择D策略。

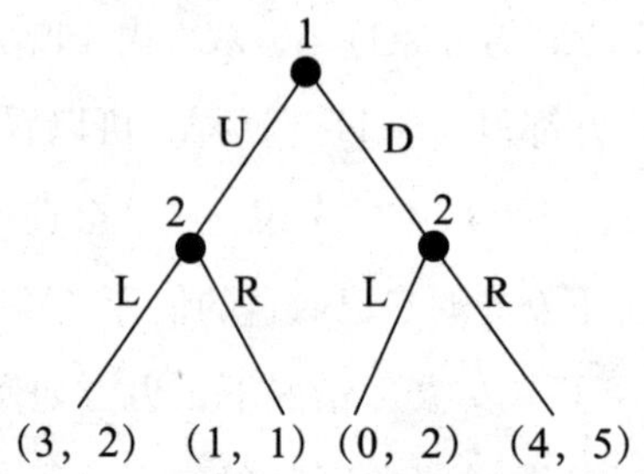

图 1-6 动态博弈树

因此，最终的纳什均衡就是 1 在第一阶段选择 D，2 在左边选择 L，在右边选择 R。

1.8 多重纳什均衡结果的讨论

在许多情况下，一个非合作博弈往往有多个纳什均衡。在这样的情况下，究竟哪个纳什均衡是最有可能出现的博弈结果呢？最有可能出现的博弈结果取决于博弈参与人的观念，即选择最终结果的原则。

1.8.1 控制风险原则

控制风险原则指参与人在选择自己的策略时，优先选择对自己来说风险最小的策略。请看表 1.27 所示的博弈。

表 1.27 甲、乙控制风险博弈

	乙配合	乙不配合
甲配合	100，100	10，80
甲不配合	80，10	60，60

表 1.27 表示的博弈为：某地有甲乙两个企业生产的产品具有互补性。双方的策略组合分为三种情况：

如果甲乙两个企业相互配合，即甲乙双方策略组合为（甲配合，乙配合），则双方收益都很大，即收益为（100，100）。

但如果有一个企业采取配合策略，另一个企业采取不配合策略，则采取配合策略的企业收益最小，只有 10，而采取不配合策略的企业收益较高，可以得到 80。对于表 1.27 来说，（甲配合，乙不配合）与（甲不配合，乙配合）都是这种情况。

还有一种情况是双方都采取“不配合”策略，即双方的策略组合为（甲不配合，乙不配合），这时，由于对对方有防备，因此双方都比自己配合对方而对方不配合时遭受的损失要小，双方都可以得到 60 个单位的收益。

运用相对最优策略划线法，可以看出，这个博弈有两个纯策略纳什均衡，分别是（甲配合，乙配合）和（甲不配合，乙不配合）。

在纳什均衡点（甲配合，乙配合）上，双方的收益为（100，100）；在纳什均衡点（甲不配合，乙不配合）上，双方的收益为（60，60）。

如果双方可以协商，估计一定是可以一起选择（甲配合，乙配合），这样双方都可以得到最大的收益。

问题是现在是在非合作博弈的情况下，也就是双方对彼此缺乏信任的基础上进行决策。在这样的情况下，从防止风险的角度来看，（甲配合，乙配合）就未必是一个博弈结果。

例如，甲会考虑：自己如果选择“配合”，而对方万一出于某种原因（比如各种误会、或者有第三方挑拨、或者乙企业内部资源不足等）选择的是“不配合”，则自己的收益就会由原来期望的“100”锐减到“10”。如果自己选择“不配合”，则最差的情况自己也能保证有“60”个单位的收益。

同样，乙也会这样地考虑问题。

因此，对于这个博弈，如果从控制风险角度来考虑，最有可能的结果反而是（甲不配合，乙不配合）。

1.8.2 帕累托最优原则

帕累托最优原则，指各参与人单纯地考虑收益情况下，选择纳什均衡的标准。

在存在多个纳什均衡的情况下，如果在其中的某个纳什均衡上，所有参与人所得的收益都大于自己在其他纳什均衡上的收益。这时，如果各个参与人只考虑收益，则这个纳什均衡就会成为大家一致选择的博弈结果。

仍然以表 1.27 所表示的博弈为例。显然，对于（甲配合，乙配合）和（甲不配合，乙不配合）两个纳什均衡点，帕累托最优的纳什均衡是（甲配合，乙配合）。

1.8.3 聚点均衡

当存在多个纳什均衡时，可利用博弈以外的信息作为依据来选择其中一个纳什均衡，这种选择的纳什均衡称为聚点均衡。文化、习惯或者其他各种特征都可能是聚点均衡的依据。

例如在男女青年相亲时，双方初次见面，可选择的地点很多，每一个可选择的地点都是纳什均衡，因为对双方都有利。但是，最有可能选中的地点往往是双方共同关注的空间，对于上海而言可能是人民广场或者是淮海路，因为这些地点双方熟知，容易想到。这时，“熟知”这一博弈以外的信息就成为选择其中一个纳什均衡的依据。

1.8.4 存在局部共谋可能的纳什均衡

在多人博弈中，如果存在多个纳什均衡，在有些纳什均衡中，有可能有一部分参与人，联合起来（共谋）进行博弈。从而导致该纳什均衡不稳定。

在这种情况下，需要找出哪些纳什均衡存在共谋的可能性，哪些纳什均衡可以防止共谋。

存在共谋风险的三人博弈

一个三人博弈，参与者 1、2、3 的收益如图 1－7 所示。

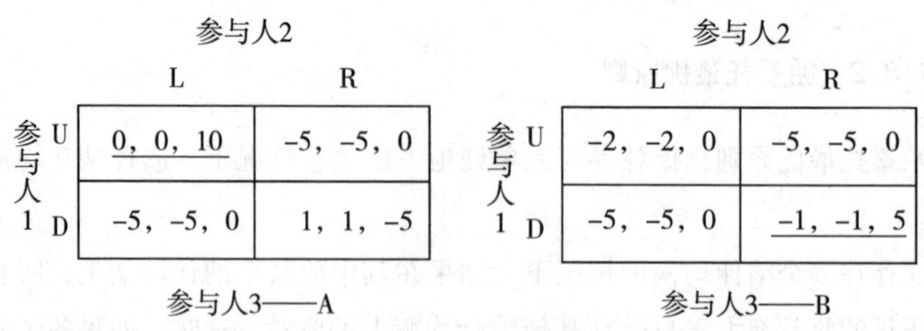

参与人3——A

参与人1 \ 参与人2	L	R
U	0，0，10	–5，–5，0
D	–5，–5，0	1，1，–5

参与人3——B

参与人1 \ 参与人2	L	R
U	–2，–2，0	–5，–5，0
D	–5，–5，0	–1，–1，5

图 1－7 三人博弈

分析上图发现存在两个纳什均衡：（U，L，A）和（D，R，B），并且前者要帕累托优于后者。

但是在（U，L，A）上，参与人1和2可能会同时偏离U、L，转向选择D、R。从而1与2的收益增加。因此，（U，L，A）有共谋（Coalition）可能，不是一个稳定的纳什均衡。

习题：

1.1　在工程项目招投标中，假设有三家企业参与竞标，如果有一家企业在投标时作弊，买通招标工作人员，在知道其他企业标书内容后再投标，这个过程是不是静态博弈？为什么？

1.2　两个赌徒在赌场中赌博，是零和博弈还是非零和博弈？

1.3　扑克游戏：扑克牌只有红与黑2色，甲乙二人各出一张扑克牌。翻开以后，如果二人出牌的颜色一样，甲输给乙5元钱；如果二人出的牌颜色不同，同乙输给甲5元钱。请把该游戏用博弈矩阵表示出来。

1.4　扑克游戏：扑克牌只有红与黑2色，甲乙二人各出一张扑克牌。翻开以后，如果二人出牌的颜色一样，有一个公证人奖励甲乙各5元钱；如果二人出的牌颜色不同，则甲乙都什么都得不到。请把该游戏用博弈矩阵表示出来。

1.5　交通博弈。甲与乙迎面开车，如果都左行或者都右行，都可以通过。这时各自收益为1，如果一左行一右行，则发生事故，如果双方各得 -1。把交通博弈用博弈矩阵表示。

1.6　甲某急于买房，但愿意出的最高价是100万元。乙某急于卖房，但愿意出的最低价是100万元。最后，双方达成了交易。根据纳什均衡定义，证明这个交易的价格博弈是个纳什均衡。

1.7　男生与女生的相亲约会地点约在人民广场，并且约定双方要信守约定。用纳什均衡定义证明，这次约会的地点博弈选择是一个纳什均衡。

1.8　根据上策均衡与纳什均衡定义，证明上策均衡一定是纳什均衡。

1.9　根据重复剔除严格劣的方法求以下博弈的上策均衡。

		参与人2		
		左	中	右
	上	0，2	3，1	2，3
参与者1	中	1，4	2，1.1	4，1
	下	2，1	4，4	3，2

1.10　用划线法求纳什均衡。

		参与人2		
		左	中	右
参与人1	上	1，0	1，3	0，1
	下	0，4	0，2	2，0

1.11　用划线法求纳什均衡。

	a	b	c
A	4，12	3，10	2，12
B	0，12	2，11	1，11
C	3，12	1，8	2，13

1.12　两个参与人 A 与 B，以及一个裁判。每个参与人各有 2 个卡片，A 的两张卡片上分别写着 2 与 7，B 的两张卡片上分别写着 4 与 8，这些情况双方都知道。博弈开始时，A 与 B 分别向裁判交卡片。如果 A 交的是 2，则 A 得 2 元。如果交的是 7，则 B 得 7 元。如果 B 交的是 4，则 B 得 4 元。如果交的是 8，则 A 得 8 元。画出博弈矩阵并求解纳什均衡。

1.13　伯川德博弈模型（选择模型）。伯川德博弈是古诺博弈的一个变形，考虑两个竞争的企业不以产量决策，而通过价格来竞争。由于产品有差异，所以价格也可以不同。企业 1 和企业 2 分别选择价格 $p1$ 和 $p2$，消费者对于企业 i 的产品需求为：$qi(pi,pj) = a - pi + b * pj$，$i$，$j=1$ 或者 2，i 与 j 不相等。其中 $b>0$ 表示只限于企业 i 的产品为企业 j 产品的替代情况，假设没有固定成本，边际成本为常数 c，$c<a$。两个企业同时行动，求该博弈的纳什

均衡。

1.14　猎鹿博弈。

古代的村庄有两个猎人。当地的猎物主要有两种：鹿和兔子。如果一个猎人单兵作战，一天最多只能打到 4 只兔子。只有两个一起去才能猎获一只鹿。从填饱肚子的角度来说，4 只兔子能保证一个人 4 天不挨饿，而一只鹿却能让两个人吃上 10 天。这样两个人的行为决策可以形成博弈结局：

	猎鹿	猎兔
猎鹿	10，10	0，4
猎兔	4，0	4，4

分析该博弈中存在几个纯策略的纳什均衡，哪一个会出现？为什么？

1.15　三人博弈如下图，请找出所有纯策略纳什均衡，并分析其中是否存在共谋的可能。

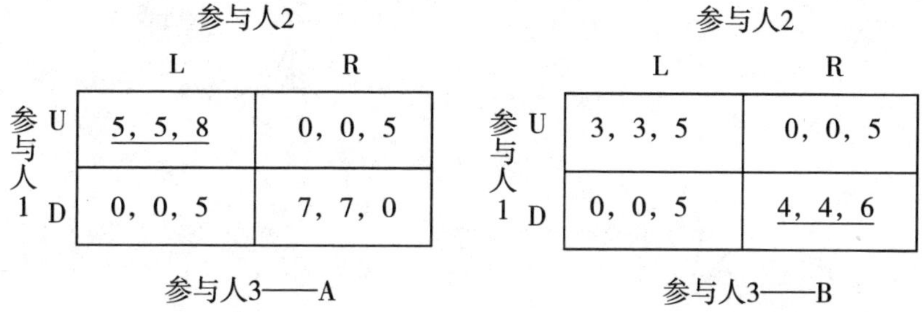

参与人2

参与人1	L	R
U	5，5，8	0，0，5
D	0，0，5	7，7，0

参与人3——A

参与人2

参与人1	L	R
U	3，3，5	0，0，5
D	0，0，5	4，4，6

参与人3——B

本章参考文献

[1] John Von Neumann, Oskar Morgenstern. Theory of games and economic behavior (commemorative edition) [M]. Princeton university press, 2007.

[2] Ulrich Schwalbe, Paul Walker. Zermelo and the early history of game theory [J]. Games and economic behavior, 2001, 34 (1): 123 - 137.

[3] John F Nash. Equilibrium points in n - person games [C]. Proceedings of the national academy of sciences, 1950, 36 (1): 48 - 49.

[4] John F Nash. The bargaining problem [J]. Econometrica: Journal of the Econometric

Society, 1950: 155 - 162.

[5] John F Nash. Non - cooperative games [J]. Annals of mathematics, 1951: 286 - 295.

[6] John F Nash. Two - person cooperative games [J]. Econometrica: Journal of the Econometric Society, 1953: 128 - 140.

[7] John Maynard Smith. Evolution and the Theory of Games [M]. Springer, Boston, MA, 1988.

[8] John C. Harsanyi, Reinhard Selten. A general theory of equilibrium selection in games [M]. MIT Press, 1988.

[9] Jasmina Arifovic. Evolutionary algorithms in macroeconomic models [J]. Macroeconomic Dynamics, 2000, 4 (3): 373 - 414.

[10] Hans Carlsson and Eric Van Damme. Global games and equilibrium selection [J]. Econometrica: Journal of the Econometric Society, 1993: 989 - 1018.

[11] 董保民，王运通，郭桂霞. 合作博弈论 [M]. 北京：中国市场出版社. 2008.

第二章　非合作博弈导致的低效益

导入案例：广告战

- 在商业竞争中会出现各种由于非合作竞争导致的低效率纳什均衡的例子。以广告竞争为例。两个公司互相竞争，由于产品目标市场的重叠导致两公司的广告互相影响，即一家公司的广告较被顾客接受，则会夺取另一家公司的部分收入。若二者同时发出质量类似的广告，收入增加很少但成本增加；但若不提高广告质量，生意又会被对方夺走。此时，两家公司可以有以下两个选择：

⋆ 互相达成协议，减少广告的开支。（合作）

⋆ 增加广告开支，设法提升广告的质量，压倒对方。（背叛）

- 若两家公司不信任对方，无法合作，背叛成为支配性策略时，两家公司将陷入广告战，而广告成本的增加损害了两家公司的收益，这就是陷入低效率的纳什均衡。在现实中，要两个互相竞争的公司达成合作协议是较为困难的，多数都会陷入囚徒困境中。

在非合作博弈的情况下，每个参与人都选择对自己最有利的博弈行为（这就是个体理性），最后实现纳什均衡。这种个体理性下的最优行为给个体带来的实际收益常常不如集体理性（从所有参与人的利益出发的行为原则）带来的收益大。也就是说，在一些情况下，个体理性常常与集体理性不一致，并且破坏了集体理性导致的行为选择。

2.1　低效率纳什均衡的博弈案例

生活中，无论是人类社会还是大自然都可以找到低效率纳什均衡的例子，大到国家之间的军备竞赛、贸易中的关税战，小到人际交往中的合作与背叛等，往往都陷入所谓的囚徒困境。

☞ 再议囚徒困境

囚徒困境是一个经典的博弈案例，说的是警方逮捕甲、乙两名嫌疑犯，但没有足够证据指控二人入罪。于是警方分开囚禁嫌疑犯，分别审讯二人，并向双方提供以下选择：

若你坦白认罪，而对方抵赖，你则立即获释，对方判监禁 10 年。

若二人都抵赖，则因犯罪证据不足，则二人同判监禁 1 年。

若二人都坦白，则罪行得到确认，但由于坦白，二人同样判监禁 8 年。

表 2.1　囚徒困境

	乙抵赖	乙坦白
甲抵赖	服刑 1 年，服刑 1 年	服刑 10 年，即刻获释
甲坦白	即刻获释，服刑 10 年	服刑 8 年，服刑 8 年

于是，每个囚徒的博弈行为有两个：坦白或抵赖。

这个博弈的特点是，不管对方选择什么，每个囚徒的最优选择总是坦白。如果对方抵赖，自己选择坦白会被释放，选择抵赖会被判 1 年；如果对方坦白，自己选择坦白被判 8 年，选择抵赖会被判 10 年。

假设两个嫌疑犯都懂博弈论，都知道这个道理，因此都选择坦白，结果是各被判刑 8 年。

反之，如果两个人合作，比如两人是可以信赖的朋友，提前约定，如果被抓，就都选择抵赖。如果双方都信守诺言，则两人都只服刑一年。

由这个经典博弈可以看出，非合作博弈导致了低效益。

☞ 旅行者困境

甲乙两个旅行者各买了一个同样的花瓶。在机场提取行李时，发现花瓶在运输过程中被摔坏了，因此，向航空公司索赔。航空公司知道该花瓶价格不会超过 100 元，但不知确切价格。对于请二位旅行者分别写出花瓶价格，写的价格不准超过 100 元。如果二人写的价格一样，则认为他们讲的是真话，就照价赔偿。如果二人写的价格不一样，则按价格低的赔偿。同时，对价格低的奖励 2 元，对写高价的惩罚 2 元。两个旅行者的各自决策问题：自己写多少钱?

分析：

甲乙二人如果都写 100 元，则可获得最高的赔偿。但甲从个人利益出发，想的是，我写 99 元，这样我可得到 99 + 2 = 101 元。

乙对甲也不信任，估计他会写 99 元，为了不吃亏，他就打算写 98 元。

甲也估计到乙会这样，因此他就写 97 元。

以此类推，合作在一开始就无法形成。

这个博弈的纳什均衡是甲乙二人都写 0 元!

☞ 生钱博弈

N 个人，每个人任意放不多于 100 元的钱到一个机器中。机器会把所有人放进去的钱的总和增加到原来的 3 倍，然后再平分给这 N 个人。每个参与人应该向机器中放入多少钱?

分析：

N = 1 时，只有一个参与人，该参与人将向机器投入 100 元。收益为 100 × 3 − 100 = 200 元。出钱任何小于 100 都会使收益减少。比如，99 × 3 − 99 = 198 元。因此，这是一个纳什均衡。

N=2时，存在2个参与人。如果其中一人出的不是100而是99元，给定另一人出100元，则他的收益为（99+100）×3/2-99=199.5，小于他出100元时的收益200元。当然，如果对方不出钱，他也是出100元更合算。

N=3时，如果大家相互之间缺乏信任，则任何一人都考虑的是如果别人不出钱，自己出钱是不是合算。在这样的情况下，如果他自己出钱，则不赢不亏，比如出100元：100×3/3-100=0

即出多少钱，得到的仍然是多少。当然，如果其他还有人出钱，则他也是能够赚钱的。因此这时，最佳的决策仍然是出100元

当N≥4时，如果只有一个人出钱，则他必亏，比如出100元时：100×3/4-100=-25，同样，也能验证出1元也是亏的。因此，当N≥4时，这个博弈的纳什均衡：无人出钱。

由此可见，在非合作博弈下，信任的缺乏会导致人与人之间的合作难以形成，并使局面形成囚徒困境似的低效率纳什均衡，因此，应该有一个代表所有参与人利益的管理者进行统筹安排，以确保集体利益的最大化。

2.2 双寡头的竞争与合作——再议古诺模型

我们考虑更一般情况下的古诺模型。古诺模型描述的是两个厂商在生产同质产品时，其产量决策是如何在博弈中达到均衡的过程。其条件是：

某种产品，由企业1与2来生产，两个企业生产该产品的生产成本同为c。

该产品的市场需求价格函数为$p = a - b(q_1 + q_2)$。其中，p是该产品的市场售价，q_1与q_2是企业1与企业2的产量，a为常数，表示市场上供应量为零的时候产品价格，b表示产量与价格之间的相关程度。

企业1和企业2各自独立决定自己的产量，但是考虑到市场上的价格是由双方共同的产量所决定，因此，必须考虑竞争企业的产量决策才能形成自己的最优产量。

设u_1为第1个企业的利润，u_2为第2个企业的利润，则：

$$u_1(q_1,q_2) = q_1[a - b(q_1 + q_2) - c] \tag{2-1}$$

$$u_2(q_1,q_2) = q_2[a - b(q_1 + q_2) - c] \tag{2-2}$$

求企业 1 与企业 2 的最优产量：

$$\frac{\partial u_1}{\partial q_1} = a - bq_2 - 2bq_1 - c = 0 \tag{2-3}$$

$$\frac{\partial u_2}{\partial q_2} = a - bq_1 - 2bq_2 - c = 0 \tag{2-4}$$

解得企业 1 与企业 2 的最优产量为：

$$q_1^* = \frac{a - bq_2 - c}{2b} \tag{2-5}$$

$$q_2^* = \frac{a - bq_1 - c}{2b} \tag{2-6}$$

解上述联立方程，得到两个企业同时决策产量的博弈的纳什均衡解为：

$$q_1^* = q_2^* = \frac{a - c}{3b} \tag{2-7}$$

这时，两个企业的纳什均衡收益为：

$$u_1 = u_2 = \frac{(a - c)^2}{9b} \tag{2-8}$$

把这个经典的双寡头非合作博弈改成双寡头合作模型。假设两个企业达成合作协议，规定确定产量的方式是，先确定两个企业共同生产的合理的总产量，然后把把这个总产量一分为二，即为两个企业的各自产量。

为此，设两个企业的总产量为 q ，两个企业的总收益为 u 。

则集体的收益为：

$$u = q(p - c) = q[a - bq - c] \tag{2-9}$$

求集体的最大收益，对整体产量求导并且令其为 0，有：

$$\frac{du}{dq} = a - 2bq - c = 0 \tag{2-10}$$

解得：

$$q^* = \frac{a - c}{2b} \tag{2-11}$$

这时，由于两个厂商为同质的，情况完全一样，因此，各自的产量皆为总产量的二分之一：

$$q_1^{\ *} = q_2^{\ *} = \frac{q^*}{2} = \frac{a-c}{4b} \tag{2-12}$$

这时，各个企业的收益为：

$$u_1 = u_2 = \frac{(a-c)^2}{8b} \tag{2-13}$$

可见，在双方合作的情况下，两个企业的最优产量相对于非合作的情形有所降低，最优收益却相对提高了，因此，双方都有动力去合作。

目前，中国正面临大规模的产能过剩问题，比如钢铁产能、煤炭产能、建材产能等都出现了大规模的过剩问题，也导致这些行业的企业效益低下。这种严重产能过剩的博弈原因，就在于各地方的企业独立地决策而不是统一的合作的决策。其中的道理，与双寡头竞争情况下的产量大于双方合作情况下的产量的道理是一样的。

2.3　孙绍荣捕鱼模型中的非理性均衡及非合作参与者数量 n 对均衡点的影响

2.3.1　公地悲剧模型及孙绍荣的捕鱼模型的由来

公共地的悲剧（Tragedy of The Commons，Hardin，1968）是一个著名的多个体进行互相非合作博弈的案例。该博弈是哈丁针对制度问题设计的，即在生产资源公有，生产收益归个体的制度下，通过相关的众多个体之间的非合作博弈达到均衡之后，会导致对公有的生产资源的过度消耗，从而导致大家的收益降低。哈丁证明，如果众多个体之间存在一个把大家团结起来的首领，这个首领从大家的利益出发协调大家的生产行为，就会使每个个体实现比非合作博弈情况下高得多的收益。这实际也是非合作博弈下的低效益问题。

哈丁的模型中，以每个牧民在草地上放牧的羊的数量为博弈行为的变量，基本思想是如果每个牧民放牧的羊数量很多，则草地上存在的羊的总数就会很多，这样就会造成草地难以供养这么多数量的羊，从而造成每只羊的价值降低（比如羊变瘦）。当然，养的羊太少也会造成收益减少。因此，每个牧民面临的问题是，自己应当养多少只羊才能够使自己的收益最大。

在哈丁的模型中，由于所考虑的直接对象是“羊的价值”，与生产资源公有而收益归个体的制度引起的对生产资源（草地）过度消耗问题不够直接。为此，孙绍荣重新设计了一个公海中的“捕鱼模型”（孙绍荣，系统管理学报，2008 年第 2 期），这个模型反映的是一种“天然的现实”，即所有公海中的渔业资源都是无主的（公有的），而每次捕鱼的收获是渔民个人的。在这个模型中，其主要变量每个渔民的捕鱼频率。在非合作博弈下，由于众多个体（渔民）自发的过高的捕鱼频率导致渔业资源减少，导致渔民每次捕鱼的收获减少，从而形成了渔民之间的非合作博弈下的低效益问题。

更进一步地，孙绍荣还给出了在非合作博弈情况下渔民数量对生产效益的影响。指出，在非合作博弈的情况下，渔民数量越多，生产效益越低，由此进一步得出，当渔民无限多时的非合作博弈损失效益的极限值——非理性均衡。同时，还指出税收在治理非合作博弈导致低效益方面的重要作用，即税收可以降低渔民的捕鱼频率，从而起到保护资源从而间接地提高渔民收益的作用，而不是像经济学教科书中所说的税收只是起着国民收入再分配的作用。

2.3.2 孙绍荣的捕鱼模型

设共有 n 个渔民在某一公海渔场捕鱼，每个渔民的捕鱼能力都相同，每个渔民的每次捕鱼的收益为 G，它与鱼的当时的存量成正比，B 为单位时间内（比如一个月）所有渔民捕鱼人次数的总和（即总捕鱼频率）。

由于每个渔民的每次捕鱼的收益 G 与鱼在海里的存量成正比，而鱼在海里的存量会随着该海域内遭受到的单位时间内捕鱼人次数（即总捕鱼频率）B 而减少，因此，每个渔民每次捕鱼的收益 G 会随着捕鱼频率 B 减少。只是这种减少的速度不是线性的：

当 B 很小时，海里的鱼很多，因此，繁殖能力强，这时 B 增加时，海里的鱼减少的速度不是很快（图 2 - 1 中 a 的左边一段）。

随着 B 不断地增加，海里的鱼越来越少，也就是鱼的补充能力——繁殖能力与当初相比减少很多，因此，海里的鱼的存量下降很快（图 2 - 1 中 a 到 b 之间一段）。

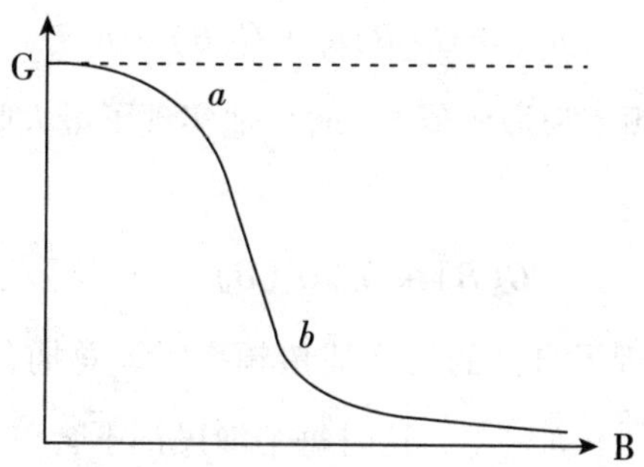

图 2-1　每人次捕鱼收益 G 与捕鱼频率 B 的关系曲线

最后，当海里的鱼非常少时，渔民每次捕鱼的收获会相当少，因为这时海里的鱼的存量随着单位时间内总捕鱼次数的增加而减少的速度变得相当缓慢（图 2-1 中 b 的右边一段）。

综上所述，渔民每人次捕鱼的收益 G 与捕鱼频率 B 的关系曲线如图 2-1 所示。

由图 2-1 可以看出，G 是 B 的减函数。因此，如下关系存在：

$$\frac{dG}{dB} < 0$$

对于这个捕鱼问题，n 个渔民之间存在博弈关系，每个渔民的博弈行为是在存在 n 个渔民同时捕鱼的情况下确定自己的单位时间内的捕鱼次数，即自己的捕鱼频率，使自己所收益最大化。

设当这 n 个渔民之间的博弈达到纳什均衡时的捕鱼频率为 B^*，则有：

$$B^* = \sum_{i=1}^{n} b_i \qquad (2-14)$$

式（2-14）中，b_i 表示第 i 个渔民在单位时间内捕鱼的次数，即第 i 个渔民的捕鱼频率。

每个渔民在捕鱼频率为 b_i 时的收益为：

$$u_i = G(B)b_i - cb_i \qquad (2-15)$$

其中，$G(B)$ 为每个渔民在单次捕鱼中的毛收入（即没有扣除成本的收益），它是该海域中捕鱼频率 B 的减函数；c 是每人次捕鱼时需要花费的成本。

为了求出每个渔民的最优捕鱼频率 b_i^*，对 b_i 求导函数，得

$$u_i' = G'(B)b_i + G(B) - c \tag{2-16}$$

当渔民 i 的捕鱼频率为最优值 b_i^* 时，他实现了最大收益 u_i^* ，这时 $u_i' = 0$ ，即

$$G(B) + b_i^* G'(B) = c \tag{2-17}$$

当每个渔民都实现了自己的最优捕鱼频率时，总捕鱼频率为 B^* ，即 $B^* = [b_1^*, b_2^*, \cdots, b_i^*, \cdots b_n^*]$ ，这时每个渔民都不会单方面改变自己的捕鱼频率，所以 $B^* = [b_1^*, b_2^*, \cdots, b_i^*, \cdots b_n^*]$ 为纳什均衡点。

由于该博弈过程是完全对称的，每个渔民的情况都一样，因此，

$$b_1^* = b_3^* = \cdots = b_n^* = \frac{B^*}{n} \tag{2-18}$$

因此，纳什均衡下的总捕鱼频率 B^* 应满足的优化条件（即求解 B^* 的公式）为：

$$G(B^*) + \frac{B^*}{n}G'(B^*) = c \tag{2-19}$$

式（2-19）中，n 为渔民总数，c 为每个渔民每一人次捕鱼的成本。$G(B^*)$ 为当全体渔民的捕鱼频率为 B^* 时，每个渔民在单位时间内每增加一人次捕鱼为自己所增加的收益。$\frac{B^*}{n}$ 为当总捕鱼频率为 B^* 时每个渔民的捕鱼频率，$\frac{B^*}{n}G'(B^*)$ 为当总捕鱼频率为 B^* 时，每个渔民如果决定在单位时间内再增加一人次捕鱼时，会引起自己在该单位时间内所有 $\frac{B^*}{n}$ 次数捕鱼的收益的减少的总值（请注意 $G'(B^*) < 0$ ）。

式（2-19）的物理意义为：

由于每个渔民都知道每次捕鱼的收益 $G(B)$ 与所有渔民的总捕鱼频率 B 的反向关系，在该集体中（设面对整个公海只有一个集体）每个渔民的捕鱼频率都相等为 $\frac{B}{n}$ 的情况下，每个渔民在决定自己的捕鱼频率时（即决定 $\frac{B}{n}$ 的值时），只有当如果在单位时间内再增加一人次捕鱼，则该次捕鱼给自己增加的收益 $G(B)$ ，等于由于增加该次捕鱼（会导致总捕鱼频率增加，从而造成的每次

捕鱼收益减少）而导致的个人在该单位时间内（每个渔民在单位时间内都有 $\frac{B}{n}$ 次捕鱼）每次捕鱼收益的减少量之和 $\frac{B}{n}G'(B)$ 与所增加的该次捕鱼导致的新增成本 c 之和时，这时再增加捕鱼频率个人已经不会再增加收益，这时每个渔民才决定不再增加自己的捕鱼频率。这时，B 稳定在某个值 B^* 上，从而鱼的数量也会稳定在某个水平上。而每个渔民的捕鱼频率也稳定在 $b_i{}^* = \frac{B^*}{n}$ 上。

由于 $b_i{}^*$ 是由 u_i 对 b_i 求导得到的，即求的是从渔民个体角度考虑的最优捕鱼频率，因此这时所形成的达到均衡时的总捕鱼频率 B^* 为个体理性的纳什均衡点。

2.3.3　孙绍荣提出的非理性行为均衡点 $B_0{}^*$

问题在于，对于一个真实的多个渔民的博弈竞局来说，渔民们其实根本无法得知捕鱼频率与收益之间的准确关系（即式（2－15）），所以难以事先给自己确定一个最优的捕鱼频率。在渔民很多的情况下，作为个体的渔民甚至感觉不到鱼资源减少与自己的捕鱼行为的关系，而只是看到自己增加一人次捕鱼所带来的收益与花费的成本。

因此，由每个渔民自行判断与决策的捕鱼频率一般不会在式（2－19）所给出的纳什均衡点达到稳定。如果按照竞争下只有在收益等于成本时人们才会停止进入相关行业的经济学理论，渔民真正地停止增加捕鱼频率的时候，是当鱼资源减少到使每次捕鱼行为的收益等于每次行为成本的时候。即

$$G(B_0{}^*) = c \tag{2-20}$$

与式（2－19）相比，由于（2－20）式中左边少了负项 $\frac{B^*}{n}G'(B^*)$，而 $G(B)$ 为减函数，即随着总捕鱼频率 B 的增加，每次捕鱼的收益 $G(B)$ 会减少。因此，在相同的 c 时，$B_0{}^*$ 要比式（2－20）中的纳什均衡点 B^* 要大。即

$$B_0{}^* > B^* \tag{2-21}$$

因此，对于大家非合作的众多渔民的捕鱼竞争博弈来说，渔民的实际捕鱼频率要远大于个体理性下推导出的最优捕鱼频率 B^*。实际上，B^* 是一种个人理性即个人判断能力和信息都完全充分时的理想化博弈的结果，而式

(2－20) 中的 $B_0{}^*$ 则是人们在判断能力不充分或信息不充分的非理想化状下博弈的结果。

从式 (2－20) 得到的均衡点 $B_0{}^*$ 是孙绍荣教授独立得到的，在哈丁的公地悲剧模型中没有得出。孙绍荣教授称 $B_0{}^*$ 为个体非理性均衡点，以便与哈丁的个体理性均衡点 B^* 相区别。其中特别有意义的是，$B_0{}^*$ 是与纳什均衡不同的新的均衡点。

2.3.4 集体理性均衡点 B^{**}

如果把 n 个渔民看成一个集体，为了使集体利益最大化，最优化的一阶条件为：

$$G(B^{**}) + B^{**}G'(B^{**}) = c \tag{2-22}$$

式 (2－22) 中 c 为在所有的渔民在单位时间内的捕鱼的总人次数行为强度为 B^{**} 时，每人次捕鱼的成本。$B^{**}G'(B^*)$ 为当行为强度为 B^{**} 时，在单位时间内每增加一人次捕鱼时，由于单位时间内捕鱼次数增加导致每次捕鱼收益减少而造成的 B^{**} 人次捕鱼的收益的减少的总值。而 $G(B^{**})$ 为当行为强度为 B^{**} 时每增加一人次捕鱼所增加的收益。

因此，式 (2－22) 的物理意义为：

渔民集体是一个统一的决策者，该集体知道每人次捕鱼的收益 $G(B)$ 与所有渔民的总捕鱼次数 B 的关系，即数学模型 (2－15)，在决定在单位时间内该集体的捕鱼频率时（即决定 B 的值时），只有当如果在单位时间内再增加一人次捕鱼，则该次捕鱼给集体增加的收益 $G(B)$，等于由于增加该次捕鱼（会导致总捕鱼次数增加，从而造成的每次捕鱼收益减少）而导致的整个集体在该单位时间内（集体在单位时间内共有 B 人次捕鱼）每次捕鱼收益的减少量之和 $BG'(B)$，与所增加的该次捕鱼导致的新增成本 c 之和时，这时再增加捕鱼人次数集体不会增加收益，该集体才决定不再增加捕鱼人次数。这时，B 稳定在某个值 B^{**} 上，从而鱼的数量也会稳定在某个水平上。

称 B^{**} 为集体理性均衡点，简称为集体均衡。

2.3.5　非理性行为均衡点 B_0^*、个体理性的纳什均衡点 B^*、集体理性均衡点 B^{**} 的比较

根据式（2-21），我们已经有：

$$B_0^* > B^*$$

因此只要比较一下 B^* 与 B^{**} 即可得到三者之间的关系。

观察纳什均衡点条件（2-19）

$$G(B) + \frac{B^*}{n}G'(B^*) = c$$

与集体最优点平衡点条件（2-22）

$$G(B^{**}) + B^{**}G'(B^{**}) = c$$

对于个人来说，平衡点的条件是：

$$G(B) - c = \frac{B}{n}G'(B) \tag{2-23}$$

$$G(B^*) - c = B^*G'(B^*)/n \tag{2-24}$$

即新增一人次捕鱼所得收益减去该人次捕鱼成本，等于由于增加该人次捕鱼会导致的个人在单位时间内的各次捕鱼的减少量之和。

而对于集体来说，平衡点的条件是：

$$G(B) - c = \frac{B}{n}G'(B)$$

$$G(B^*) - c = B^*G'(B^*)/n$$

即新增一人次捕鱼所得收益减去该人次捕鱼成本，等于由于增加该人次捕鱼会导致的集体在单位时间内的各次捕鱼的减少量之和。

在单位时间内增加总捕鱼人次数会导致其中每一人次捕鱼的收益减少的情况下，由于集体在单位时间内的捕鱼人次数大于个人在单位时间内捕鱼人次数，所以，在某个相同的捕鱼频率 B 下，每新增一人次捕鱼，对集体导致的收益减少量要大于对个人导致的收益减少量。

这就是说，集体统一决策下的平衡点上所允许的新增一人次捕鱼的收益 $G(B^{**})$，必须大于个人决策时所允许的新增一人次捕鱼的收益 $G(B^*)$。

即 $G(B^{**}) > G(B^*)$

同时，由于 $G'(B) < 0$，因此 $G(B)$ 为减函数，因此有：

$$B^{**} < B^{*} \tag{2-25}$$

再结合式（2-21），有：

$$B^{**} < B^{*} < B_0^{*} \tag{2-26}$$

这就是说，在集体中的个体数量 n 充分大的情况下，存在如下关系：

使整个集体收益最大化的集体理性均衡点 B^{**} 最小，即捕鱼人次数最少。如果这一点上实现均衡（即捕鱼人次数不再增加），会使每个成员都实现最高的收益。

基于个人理性的纳什均衡点 B^{*} 要比集体利益均衡点 B^{**} 大，如果这一点上实现均衡（即捕鱼人次数不再增加），每个成员的收益不如在集体收益最优点 B^{**} 均衡时高。

出于个人直觉判断而实现的不再增加的单位时间内的捕鱼人次数，即非理性均衡点 B_0^{*}，大于纳什均衡点 B^{*}，更远大于使集体利益最大化的单位时间内的捕鱼人次数 B^{**}。换句话说，如果没有代表集体利益的管理者干预，靠个人的直觉判断所达到的均衡的行为强度，是远远超过集体理性均衡点的。

2.3.6 真实的均衡点——取决于社会平均利润

如果考虑到资本和劳动在社会中各行业之间存在流动的实际情况，则无论什么行业（包括捕鱼），只有在本行业的收益减去成本（即净收益）等于社会的平均利润时，人们才会停止进入该相关行业。因此，渔民真正地停止增加捕鱼频率的时候，是当鱼资源减少到使每次捕鱼行为的收益减去每次捕鱼的成本后得到的净收益等于社会平均利润的时候。

$$G(B_{00}^{*}) - c = K \tag{2-27}$$

式（2-27）中，K 为社会平均利润，B_{00}^{*} 为捕鱼行为的收益等于社会平均利润时的均衡点。

这样，捕鱼问题共有四个可能的均衡点。随着社会平均利润的不同，它们之间的可能关系有如下两种情况：

$$B^{**} < B^{*} < B_{00}^{*} < B_0^{*} \tag{2-28}$$

$$B^{**} < B_{00}{}^{*} < B^{*} < B_0{}^{*} \tag{2-29}$$

其中，式（2－29）是社会平均利润比较高时的情况，而式（2－28）则是社会平均利润比较低时的情况。

2.3.7　非合作博弈下参与者数量 n 对均衡点的影响

现在考虑非合作博弈下参与者数量（此例中即所谓的集体中成员的数量）对个体理性均衡点 B^* 的影响。

为此，我们重新考察个体博弈的纳什均衡公式：

$$G(B^*) + \frac{B^*}{n}G'(B^*) = c$$

对于非合作博弈下参考者数量 n 对个体理性均衡点 B^* 的影响，主要有如下结论。

2.3.7.1　n 越大纳什均衡越向过度均衡靠近

观察纳什均衡式（2－19）可以看出，如果非合作博弈下参考者很多，即 n 趋于无穷大时，（2－19）式变成（2－20）式：

$$G(B_0{}^*) = c \qquad G(B^*) = c$$

即个体理性的纳什均衡公式会变成个人非理性均衡公式。这就是说，随着非合作博弈下参考者数量的增加，即使人们都能够基于个人理性来判断，均衡点还是会向个人非理性的过度行为均衡点靠近，这就是说，对于无管理者制约的集体来说，成员数量越多，对资源的消耗与破坏越严重。

2.3.7.2　n 越小纳什均衡越向集体理性的均衡靠近

观察个体博弈的纳什均衡式（2－19）可以看出，如果 n 变小，基于个人理性的纳什均衡就会向集体理性均衡方向变化。特别地，当 n 等于 1 时，原来的纳什均衡完全变成了集体理性均衡：

$$G(B^{**}) + B^{**}G'(B^{**}) = c$$

这就是说，对于无管理者制约的集体来说，成员数量越少，对资源的消耗与破坏越轻。这也意味着，如果可以对资源进行分割，则资源私有制度下的多社会成员的谋利行为的均衡与资源公有制下的集体利益最大化的均衡是一样的。

习题：

2.1 股灾是指股市遭遇大多数用户的抛售时造成所有人的投资损失。试用非合作博弈的理论解释股灾的形成原因。

2.2 军备竞赛指两个国家之间由于不信任，各自扩军形成恶性循环的局面。试用非合作博弈理论分析军备竞赛的成因。

2.3 两个国家，在关税上可以有以两个选择：提高关税，以保护自己的商品。或者与对方达成关税协定，降低关税以利各自商品流通。如果竞相提高关税则形成关税壁垒的贸易战，试用非合作博弈理论分析上述过程。

2.4 “不要让孩子输在起跑线上”这句话影响了几代人。试用非合作博弈理论分析为什么家长都热衷于让孩子在校外、课外补习功课，如果不补习会造成什么结果。

本章参考文献

[1] Garrett Hardin. The tragedy of the commons [J]. Journal of Natural Resources Policy Research, 2009: 243-253.

[2] 王则柯，李杰. 博弈论教程 [M]. 北京：中国人民大学出版社. 2010.

[3] 施锡铨. 合作博弈引论 [M]. 北京：北京大学出版社. 2011.

[4] 谢识予. 经济博弈论 [M]. 上海：复旦大学出版社. 2002.

[5] 李光久，李昕. 博弈论基础教程 [M]，江苏：江苏大学出版社，2013.

[6] 黄涛. 博弈论 [M]. 北京：中国人民大学出版社，2002.

第三章　搭便车与逆向选择和道德风险及分离均衡

导入案例：旅游景点的购物陷阱

- 外出旅游，人们常常在景点购物。但人们常常发现旅游购物会遭遇陷阱，花了大价钱却买的不够称心如意。商家的诚信是造成上述现象的一方面原因，但从博弈的角度来分析会发现其深层次的原因。由于在景点购物时经常出现信息的不对称，比如对于商品的质量、性能、价格等方面，消费者处于明显的劣势，导致消费者不愿意出较高的价格购买，只愿意以平均的价格成交，长此以往必然导致旅游景点商品的平均成交价格较低，从而高质量的商品也不会在旅游景点出现，再加上单次购物对于商家违背诚信的惩罚成本较低，购物陷阱的出现就是必然了。

3.1　搭便车问题

3.1.1　搭便车的概念

搭便车问题（Free Rider Problem）是由美国经济学家曼柯·奥尔逊于《The Logic of Collective Action——Public Goods and the Theory of Groups》（1965年出版）一书中提出的。

一般意义上理解，所谓的搭便车就是指自己不努力但坐享他人努力的成果。由于努力意味着付出成本，因此搭便车意味着自己不付出努力成本而享用了他人付出了努力成本后取得的成果。因此，搭便车实际上是“占他人便宜”的行为。搭便车行为是一种典型的博弈行为。

搭便车问题的本质是博弈的一方可以从资源、商品或服务的使用过程中受益，但却没有承担相应的使用成本，即没有付费。这些资源、商品或服务的使用成本可能由博弈的另外一方承担，也可能类似公地的悲剧中，无人来承担。其最终的结果可能造成资源的浪费，甚至由于使用过度造成资源耗尽。

在管理实践中，搭便车问题产生的原因在于资源的使用的不可排他性或者信息不对称。

资源的不可排他性指博弈的一方提供某种资源后，不能防止博弈的另外一方以较低或者零成本享用。

信息不对称导致搭便车现象，比如员工的努力程度不可监控，导致团队内部有人搭便车，坐享其成，“滥竽充数”说的就是这个问题。

3.1.2　管理中的搭便车问题

在管理实践，搭便车是一种典型的投机行为，会严格影响群体中个体的工作积极性，因此，搭便车是在管理实践中需要治理的行为。比如，中国曾经经历过一段平均分配时期，即企业每个员工的薪酬都是固定的，多劳不多得，少劳不少得，结果是严重挫伤了勤劳者的积极性，鼓励了偷懒者。时间一长，勤劳者也变成了偷懒者。

☞ 智猪博弈（Boxed Pigs）

“智猪博弈”是博弈论中的一个经典案例，由约翰·纳什（John Nash）于1950年提出。该博弈的内容是：猪圈里有一头大猪、一头小猪。长方形的猪圈的一头放有猪食槽，另一头则安装着控制向猪食槽供应猪食的开关。按一下开关，就会有10个单位的猪食进槽。

由于从开关处返回到猪食槽那里需要一定的时间，因此：

如果大猪去按开关，小猪在猪食槽处等待，则小猪由于吃得慢但先于大猪在吃，小猪可吃到4个单位的猪食。而大猪则能够吃到6个单位的猪食。

如果小猪和大猪同时去按开关，则它们同时到达食槽，结果由于大猪吃得快而吃到7个单位的猪食，而小猪只能吃到3个单位的猪食。

如果小猪去按开关，大猪在猪食槽处等待，则大猪就能够把10个单位的猪食全部吃光，等小猪跑到猪食槽那里，已经没有猪食剩下了。

当然，如果大猪与小猪都不去按开关而只是在猪食槽处等待，则猪食槽中没有任何猪食，从而小猪与大猪能够吃到的猪食是0。

表3.1　智猪博弈的收益矩阵

		小猪	
		按开关	等待
大猪	按开关	7，3	6，4
	等待	10，0	0，0

这个博弈的强纳什均衡是大猪按开关的同时小猪在猪食槽边上等待。这时，大猪能够吃到6个单位的猪食，而小猪则吃到4个单位的猪食。

在智猪博弈达到均衡点（大猪按开关，小猪等待）的情况下，小猪就是搭便车，因为它在不付出劳动的情况下享用了大猪的劳动成果。

智猪博弈在企业经营领域是常见的。比如通常是小企业在等待大企业去开发技术与市场，在市场较为成熟时，小企业采取跟进和模仿的战略。

在产品销售方面，许多企业采取弱势产品跟进强势产品，借力“铺货”，在实际就是一种搭便车的行为。比如“神奇牌牦牛骨髓粉冲剂”搭“彼阳牦牛骨髓壮骨粉”便车就是一例。“彼阳牦牛骨髓壮骨粉”在电视、报纸媒体上进行了密集性广告轰炸，结果“神奇牦牛”采用终端跟进策略，哪里有“彼阳牦牛”，哪里就有“神奇牦牛”，结果取得了很好的销售业绩。在外观上，“神奇牦牛”的包装与“彼阳牦牛”几乎相同，但价格稍低。

3.2　信息不对称与逆向选择（Adverse Selection）

3.2.1　信息不对称

博弈过程中的信息不对称（Asymmetric Information）指博弈双方拥有的信息不同。在现实生活中，信息不对称现象是非常广泛的。例如，餐馆店主知道所售食品有没有使用违规食物添加剂而食客不知道，员工知道自己工作的努力程度而企业的管理者难以知道，项目的承包方知晓项目的实际进展与质量情况，而项目的发包方难以知道等等。

博弈双方掌握的信息状态不同也就意味着博弈的局势和结果不相同。例如在市场交易过程中，博弈双方就是买卖双方。在一些情况下，卖方比买方对所交易物品的信息掌握的会更多，比如二手汽车的交易，卖者对汽车的质量最为清楚。在另一些情况下，买方比卖方掌握的信息更多，比如在医疗保险市场，买方对自己的身体状况了解的更多。

上述市场交易行为的博弈中，如果在交易双方签订合同或者说签订契约之前发生信息不对称现象，则会导致逆向选择；如果在交易双方签订合同之后发生信息不对称现象则会导致道德风险。

3.2.2　逆向选择

在竞争博弈过程中，如果信息是完全的和对称的，则竞争博弈的结果本应当是“优胜劣汰”，在市场交易中就是质优者取胜，质量差的商品被淘汰出市场。但是在信息不对称的情况下，信息劣势的一方由于无法准确判断自己的各博弈行为（比如是买 A 产品还是买 B 商品）的效用，往往导致竞争博弈中“优汰劣胜”的违反常理的现象。

信息不对称所导致的逆向选择会使许多基本的经济学原理失效。除了市场竞争中的“优胜劣汰”这一原理之外。价格规律也会失效。按价格规律，如果降低某产品的价格，该产品的市场需求量会增加；反之，如果提高该产品的价格，该产品的需求量就会减少。但是，由于消费者所拥有的该产品的信息很少，当其价格下降时，消费者可能反而不愿意购买该商品，因为担心该产品的质量有问题。反之，如果产品价格提高，消费者可能反而愿意购买，因为他们可能认为该产品的质量很高。

肯尼斯·约瑟夫·阿罗在 1963 年开始关注由不对称信息导致的逆向选择现象。后来，阿克洛夫（George Akerlof）在 1970 年发表了名为《柠檬市场：质量不确定性和市场机制》的论文，对此进行了进一步研究，并且于 2001 年获得诺贝尔经济学奖。

乔治·阿克尔洛夫所建立的关于逆向选择的理论被称为“柠檬市场模型”(The“lemons”Market)。他以“柠檬车”的交易角度为例，来说明逆向选择问题。柠檬是一种外表好看内瓤酸涩的水果，因此美国俚语中把外观上难以看出的劣质货称为柠檬。

乔治·阿克洛夫提出，在二手车市场，卖者一般都知道车的质量如何，购买者一般不知道，但他知道在市场上的二手车的平均质量。在这样的情况下，买者为了防止风险，对于所有的二手车，他们只愿根据自己了解的所有二手车的平均质量，报给卖家一个中等价格（这是一个博弈行为）。如此，市场中那些高于平均质量的二手车卖家就显得吃亏。因此，这些高于平均质量的“好的”二手车就会退出市场。结果是，由于好车退出，造成市场上的二手车平均质量下降，结果买者根据平均质量所报出的价格会继续降低，如果反复，最后结果是市场上所有的车都是“质量最差”的车。这个过程，就是由于信息不对称下的博弈的存在，好车被渐渐的挤出了市场。而按照有效市场假说，竞争的结果应当是好车把破车挤出市场才对。由于这个现象与有效市场理论的结论相反，因此这个过程被称为逆向选择。

阿克洛夫的模型为：

假定市场上出售的二手车只有两种类型，一是值 6000 美元的高质量车，一是只值2000美元的低质量车。

买者不知道每辆车的具体质量，但知道二手车市场上的平均质量是4000美元一辆。因此，买者所愿意出的最高价格就是4000美元。这样，价值6000美元的高质量车的卖者就会吃亏，因此市场上只剩下值2000美元的低质量车的卖者愿意出售。

当买者知道高质量的车已经退出以后，他知道市场上剩下的一定是只值2000美元的低质量车，因此这时他的报价就变成了2000美元。这个价格就是二手车市场买卖双方博弈后的均衡结果，这个博弈结果导致市场上只有低质量的二手车，高质量的车被挤出市场。这样，信息不对称导致了“市场失灵”，即“优胜劣汰”的市场机制被逆转。

近年来，电子商务飞速发展，但信息不对称问题更为突出，导致的逆向选择问题更为严重。这是因为在网络上，产品质量更加不易检验，销售商的真实身份更加难以识别，逆向选择的结果就是网络上假冒产品、便宜货等大行其道。

但同时互联网也会推出产品及服务，弥补由于互联网发展所引起的信息不对称问题。例如移动网络下的社交软件能够兴起，呈现爆发式增长，其原因就在于解决了社交圈内的信息不对称问题。在Facebook诞生之前，美国的年轻人一般都会去酒吧、俱乐部寻找朋友，但是在这种场合下由于信息不对称，遇到合适的人的效率很低。能够获得超额利益的恰恰是那些长期混迹于酒吧的人，但是其个人价值并不一定高，而高价值的人却不被人所知晓。Facebook有效地解决了朋友圈的信息不对称，微信也是如此，用户可以选择性的将自己的信息披露给特定的朋友。如同早期的产品广告类似，互联网在一定程度上解决了各种领域内的信息不对称问题。

由于信息不对称导致的逆向选择，在人力资源领域也大量存在。比如，企业员工中，也常常出现逆向选择。一般来说，企业管理者并不准确地知道每个员工的工作能力。在这样的情况下，他一般会按员工的平均能力给与他们平均工资。在这样的情况下，高能力的员工就会感觉到吃亏，因此选择离开企业，而低能力的员工则会感觉到比较“合算”，从而愿意留在企业中。渐渐地，高能力员工就会被平均工资制度挤出企业，剩下的基本上都是低能力的员工。

阿克洛夫的模型中为卖方为信息优势方。而在保险行业中，信息优势方往往是买方，比如汽车保险市场，买方对自己的开车习惯和理赔概率比保险公司更清楚。但保险公司无法区分高风险客户与低风险客户，因此，保险公司对每个客户收的保费都是一样的，即按平均出险概率来确定保费。在这样的情况下，就只能那些容易出险的人会积极地购买保险，而开车比较谨慎的人则就感到购买保险不合算，因此不想购买保险。在这样的情况下，购买保险的客户群体中大量的都是高风险的人，而低风险的客户则渐渐地退出了保险市场，这样过程会渐渐导致理赔概率上升，这对保险公司而言，就是一种逆向选择。

信息不对称理论与逆向选择理论的意义在于它揭示了自由市场理论存在一定的缺陷。在亚当·斯密的时代，人们对市场这个“看不见的手”推崇备至，主流的经济理论力主市场的自由调节，反对政府对市场进行任何干预。实际上，信息不对称在人类社会中是非常普遍的情况，并且正是这种情况会阻碍社会公平以及影响市场配置资源的效率。

3.2.3 解决逆向选择的一些办法

为了解决逆向选择导致的市场失灵问题，也出现了许多解决办法。这些办法的共同特点，都是立足于改善信息不对称的。

一是记录与提供先前用户评价。显然，优质产品的用户评价会比较高，或者被用户评为“优”的概率会高。这种记录用户评价的方法，在电子商务领域应用最为广泛。此外，一些产品形成良好的优质品牌，实际上也是用户评价所形成的。这些信息，可以为后来的购买者提供信息参考。

二是制造厂商提供质量保证书、保修、退回等办法，使自己的优质产品与劣质产品相区别。

三是由第三方（比如政府或者行业协会等）发放质量合格标准证书和标志等。在这种情况下，产品质量的担保人已经由制造厂商转变为政府等具有较高权威和信誉的第三方，显然会使购买者感觉其质量更为可靠。

在人才市场上，教育机构和各种考试机构颁发的学历和各种资格证书，也是用于改善人才市场上的信息不对称问题的一个有效办法。用人机构可以通过这些证书来判断求职者的能力和职业技术水平。在这方面，迈克尔·斯宾塞提出，由于具有较强能力的人能以较低的成本（比如学习时间与精力）获得学历证书，而能力低的人必须以很高的成本获得学历证书，因此只有高能力的人进入大学才比较“合算”。这样，学历证书就是劳动力市场上的一个信息，企业可以根据这个信息来判断求职者的能力，因此，可以改善劳动力市场上的信息不对称问题。斯宾塞提出，学历证书可以把学历证书看作是高能力的求职者主动发出的用于改善信息不对称现象的信号，因此他的理论被人们称为“信号传递模型”。

四是信息搜寻。主要是指信息劣势方通过各种信息搜寻活动来增加所拥有的信息，如走访、调查等。显然，这种改善信息不对称的方式，对于作为博弈某一方的个体来说，成本是比较高的。

在一些企业中，为了防止员工队伍出现“逆向选择”，一般都会强化对员工个体的绩效考核，通过绩效薪酬，使高能力员工得到高报酬，低能力员工得到低报酬，这种作法实际上也是通过信息搜寻来改善信息不对称性，从而防止逆向选择现象的发生。但问题是通常会有一些工作岗位是无法按员工个体来考核绩效的，在这一类工作岗位上，逆向选择问题仍然难以解决。

3.3　分离均衡

3.3.1　用于解决信息不对称的分离均衡

为了解决信息不对称，博弈者可以通过拓展信息来源渠道、建立信用体系、传递信号等方式来降低信息缺失的程度。美国经济学家约瑟夫·斯蒂格利茨研究在信息不对称的市场中，不具备信息优势的一方该如何建立机制来筛选具有信息优势的一方，从而实现市场效率的优化，得到了分离均衡和混合均衡模型。约瑟夫·斯蒂格利茨主要通过对保险市场和信贷市场的信息不对称现象进行研究，提出了分离均衡模型的。

保险市场的逆向选择之所以存在，主要是保险公司不知道投保人的风险程度。当保险金处于一般平均价格时，低风险类型人会感觉投保不合算，从而退出保险市场。而高风险类型的人则由于投保合算而愿意投保。这样，对于保险公司来说，劣质客户就把优质客户挤出了保险市场。为了解决这一问题，约瑟夫·斯蒂格利茨提出，保险公司应当提供不同类型的合同让投保人自己选择：一种是高自赔率加低保险费的合同，一种是低自赔率加高保险费的合同。显然，如果客户是低风险的，则他选择高自赔率加低保险费的合同比较合算。如果客户是高风险的，则他选择低自赔率加高保险费的合同更为合算。这样，通过这两种合同，就把原来无法识别的高风险客户与低风险客户区分开来了。这就是博弈过程中的分离均衡。

劳动力市场的信号博弈

假设人才市场上共存在两种类型的人——一种是高能力者，一种是低能力者。用人单位的工资制度会影响这两种类型的求职者在选择受教育（取得教育文凭）与选择不受教育（无教育文凭）方面方面到底是分离均衡还是混合均衡。也就是说，用人单位如果制定恰当的工资制度，则高能力者和低能力者会在选择受教育方面形成分离均衡，但如果工资制度不恰当，则二者可能是混合均衡，但具体的混合均衡的情况（即是在都不受教育上均衡还是在都选择受教育上均衡）要看工资制度的情况。

假设高能力者与低能力者在取得同样的教育文凭时，付出的成本不同，其中高能力者付出的成本为4，而低能力者付出的成本为8。

工资制度一：二者形成分离均衡，高能力者选择受教育，低能力者选择不受教育。

假设用人单位无法区分求职者的实际能力，因此只能根据对方是否有文凭来判断其能力，如果对方有文凭，则给予对方10个单位的工资，如果对方没有文凭，则给予对方5个单位的工资。这样：

高能力者受教育的收益：$10-4=6^{*}$

高能力者不受教育的收益：$5-0=5$

低能力者受教育的收益：$10-8=2$

低能力者不受教育的收益：$5-0=5^{*}$

在这样的工资制度下，高能力者选择受教育，低能力者选择不受教育，即博弈的结果形成分离均衡。在这样的情况下，作为信息弱势方的用人单位利用合理的工资制度，区分了高能力者和低能力者。

工资制度二：二者形成混合均衡，高能力者与低能力者均选择受教育。

如果对方有文凭，则给予对方 20 个单位的工资，如果对方没有文凭，则给予对方 5 个单位的工资。这样：

高能力者受教育的收益：$20-4=16^*$

高能力者不受教育的收益：$5-0=5$

低能力者受教育的收益：$20-8=12^*$

低能力者不受教育的收益：$5-0=5$

在这样的工资制度下，无论是高能力者还是低能力者，都选择受教育，即博弈的结果形成混合均衡。

工资制度三：二者形成混合均衡，高能力者与低能力者均选择不受教育。

如果对方有文凭，则给予对方 8 个单位的工资，如果对方没有文凭，则给予对方 5 个单位的工资。这样：

高能力者受教育的收益：$8-4=4$

高能力者不受教育的收益：$5-0=5^*$

低能力者受教育的收益：$8-8=0$

低能力者不受教育的收益：$5-0=5^*$

在这样的工资制度下，无论是高能力者还是低能力者，都选择不受教育，即博弈的结果形成混合均衡。

灰阑记的故事——分离均衡

宋朝，郑州，财主马员外去世了，马员外有两个妻子，只有第二夫人生了一个男孩，有望继承家业。

不料，大夫人勾结县衙赵令史，抢了小孩，把二夫人赶出了家门。案子一直闹到了开封，包公升堂，结果大夫人与二夫人都说孩子是自己的。

包公也不再问，让人找来白石灰，在堂上画了一个大圆圈。包公上小孩站在中间，让两个女人一人拉着小孩的一支胳膊。说：谁把小孩拉到圈外自己一边，小孩就给谁。

包公一声“开始”，大夫人用力就拉，二夫人见孩子的胳膊又瘦又细，又见大夫人在用蛮力，一犹豫，孩子被大夫人拉了过去。

包公见了，说二夫人不肯用力，这次不算！

第二次，大夫人还是狠命用力。二夫人一开始也用力，但孩子痛得哭起来，她又心疼了，竟松开了手。结果孩子又被大夫人拉了过去。

二夫人大哭，诉说不肯用力的原因。堂上人人感动，个个信服。

包公一拍桌子，要大夫人从实招来，一个疑案就此大白。

在包公设计的两个夫人之间的博弈中形成了分离均衡：大夫人不是小孩的亲妈，最大的利益在于把小孩拉过来，因此，选择用蛮力拉小孩；而二夫人因为是小孩的亲妈，心疼孩子，最大利益是小孩的身体不受伤害，因此，选择了松手。包公本来是信息弱势方，他不知哪个人是小孩的亲妈。但通过所设计的博弈的分离均衡，成功地区分出小孩的真妈与假妈。

3.3.2 用于提高管理效率的分离均衡

显然，混合均衡是管理失效的状态，此时信号失去了甄别不同信息博弈者的作用，市场价格失去了配置不同资源的能力，管理决策应该追求合适的分离均衡。

如股份公司发行股票（即 IPO）就存在分离均衡现象。在企业发行新股时，高质量企业一般会折价发行第一分部股票，用较低的发行价格吸引了投资者们的注意，当投资者企业的了解加深之后，企业再以较高的价格再次公开发行（Seasoned Offering SEO）。第二次以较高价格发行的股票所得到的资金可以弥补第一次折价发行股票时的成本。但对于低质量企业，由于害怕投资者了解，因此，只会在一次发行中融得尽量多的资金。这样，高质量企业与低质量企业的两种不同的发行股票行为，就形成子一种分离均衡，即高质量企业进行两阶段融资、第一阶段采取高折价方式发行股票，而低质量企业进行单阶段融资、并且采取低折价方式发行股票。

航空公司的时段票价——分离均衡

乘坐飞机的旅客，分为两种类型：一是商务旅客，他们对票价不敏感，但对时间敏感，即要求出行时间比较合理。另一类是学生等旅客，他们由于没有收入，因此对票价很敏感，但对出行时间不敏感，基本上没有太多要求。

这样，如果航空公司只有一个时间飞行，制定票价就会左右为难：如果制定高票价，就会损失学生旅客，如果制定低票价，就会损失收入。

因此，航空公司的最优博弈策略是：根据航班时间制定不同的票价，即在办公时间起飞的航班，实行高票价，而夜里和清晨起飞的航班，则实行低票价。这样，学生旅客与商务旅客实现了分离均衡。

附加奖励破坏分离均衡——“无用专利”数量大增

林肯有一句名言：专利制度是给天才之火浇上利益之油（the exclusive use of his invention; and thereby added the fuel of interest to the fire of genius）。专利制度是促进技术发明行为的回报型促进器。商业发达的威尼斯最早实行专利制度，在1474年颁布了专利法。目前，专利制度在世界各国都广泛存在。

作为法律制度概念的专利（Patent），其基本内容为，对批准为专利的发明，申请人必须将其公布于世，以便让社会了解申请人的发明，知道相关领域的当前进展。但申请了专利的发明，不能被其他人无偿使用。如果有人没有经过专利权人的许可就擅自使用其专利，将被视为“专利侵权”，受到国家依据专利法的惩罚。因此人们通常需要以付给专利权人报酬的方式取得使用许可，这就是所谓的“购买专利”。

近年来，中国的专利数量以超常的速度增长（见图3－1）。但与此同时，专利的实施率（投入实际使用的专利在申请的专利中所占的比重）却在大幅降低。表3.2是刘月娥等人在《高等学校专利实施现状的调研与思考》一文的调查结果，图3－2是根据该结果绘制的高等学校在2001—2005年间的申请专利前100名学校的专利实施状况。从表3.2及图3－2中可以清楚地看出，这些高校中的申请专利数从2001年的3180件猛增到2005年的16 578件，但实施率却从2001年的9.09%下降到2005年的5.89%。

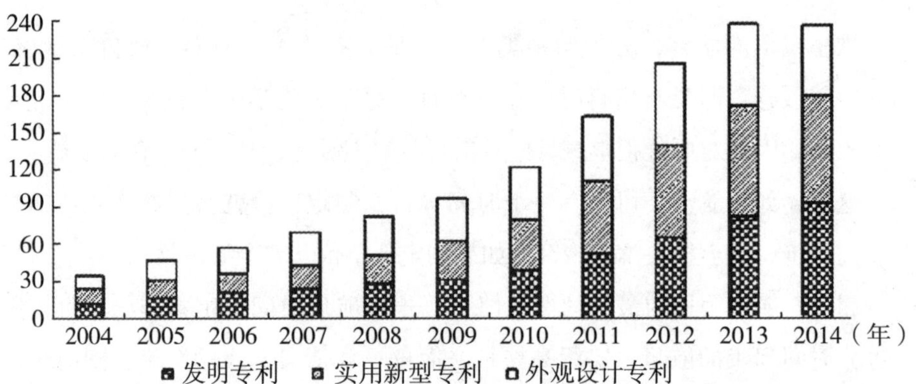

图 3-1　2004—2014 年我国三类专利申请变化情况

数据来源：国家知识产权局年报（http：//www. sipo. gov. cn/tjxx/）

表 3.2　刘月娥等人对部分高校专利申请与实施情况的调查结果

年份	申请数（个）	实施数（个）	实施率（%）
2001	3 180	289	9.09
2002	4 377	416	9.50
2003	8 650	543	6.28
2004	10 940	910	8.32
2005	16 578	976	5.89

专利的平均质量下降，“无用专利”在专利申请中的比重增加，是申请专利行为的分离均衡被破坏的结果。下面建立分离均衡模型分析一下这个情况。

假设存在两种类型的发明 A——一种是高水平的发明，即能够投入使用并且产生经济效益的发明，一种是低水平的发明 B，即根本无法投入使用从而不能产生经济效益的发明。

对于每一种发生（即无论是 A 还是 B），其发明人都有两种行为选择：申请专利或者不申请专利。其中，发明人把 A 类发明申请专利的行为用 a^+ 表示，发明人如果不把 A 类发明申请专利的行为用 a^- 表示；同样，发明人把 B

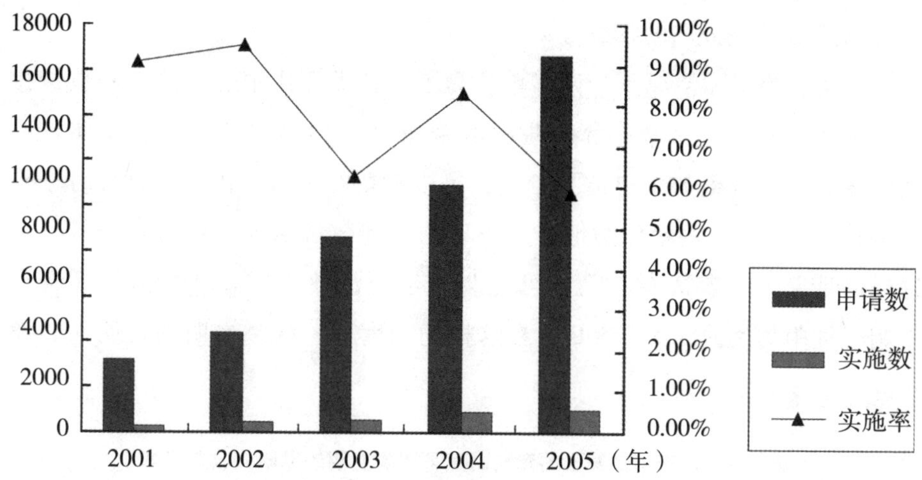

图 3－2　根据刘月娥等人的调查结果绘制的有关高等学校专利申请数与实施数的对比情况

类发明申请专利的行为用 b^+ 表示，发明人如果不把 B 类发明申请专利的行为用 b^- 表示。

设无论是那种发明，其申请专利时所产生的成本（比如申请费与专利的年费等）为 $c>0$ ，对于高质量的发明 A 来说，由于能够投入使用从而能够产生经济效益，因此申请专利后专利转让费用为 $v(a^+)>c>0$ ；而对于低质量的发明 B 来说，由于不能投入使用，从而根本不能产生经济效益，因此申请专利后专利转让费用为 $v(b^+)=0$ 。

这样，在正常的专利制度下，两类发明的发明人收益矩阵为表 3.3 所示。

表 3.3　正常的专利制度下两类发明的发明人收益矩阵

b^+	b^-	
a^+	$v(a^+)-c,\ -c$	$v(a^+)-c,0$
a^-	$0,\ -c$	$0,0$

由表 3.3 可以发现，在正常的专利制度下，对于高水平的发明 A 与低水平的发明 B 来说，纳什均衡应当是 $(a^+,\ b^-)$ ，即高水平的发明申请专利，低水平的发明不申请专利。这时，高水平发明的收益为 $u(a^+)=v(a^+)-c$

>0，则低水平的发明的收益为 $u(b^-)=0$。

而当前的实际情况下，许多单位为了在各类评比中达到“专利数量排序”靠前的目的，常常出台一些制度来鼓励人们多申请专利。比如一些地区规定，毕业生如果申请了专利，可以在留在本城市落户口打分时享有“加分”福利；一些单位则把员工申请的专利数量纳入年终考核指标。在这样的情况下，申请专利除了可能会产生经济效益 $v(a^+)$ 之外，还会产生制度性附加奖励 $s>c>0$，在这样的制度下，两类发明的发明人收益矩阵为表3.4所示。

表3.4 带有附加奖励的专利制度下两类发明的发明人收益矩阵

	b^+	b^-
a^+	$v(a^+)+s-c$, $s-c$	$v(a^+)+s-c$, 0
a^-	0, $s-c$	0, 0

由表3.4可以发现，在带有附加奖励的专利制度下，对于高水平的发明 A 与低水平的发明 B 来说，纳什均衡是(a^+, b^+)，即高水平的发明申请专利，低水平的发明也申请专利。这时，高水平发明的收益为 $u(a^+)=v(a^+)+s-c>0$，则低水平的发明的收益为 $u(b^+)=s-c>0$。可见，这种附加奖励，破坏了原来的分离均衡被，导致高水平的发明与低水平的发明都去申请专利这种混合均衡。在这样的情况下，无用专利大量增加就不奇怪了。

与此类似，当前许多人批评的“垃圾论文”问题，实质上也是由于对论文的过度奖励破坏了原有的分离均衡有关。

还有在许多单位大家拼命争取高职务、高职称，也与这些高职务高职称的好处太多，导致原来的分离均衡被破坏有关。在分离均衡的情况下，应当是高能力的人争取高职务或高职称，低能力的人则安心于低职务或低职称。现在由于高职务高职称好处太多，导致低能力的人即使争取这些高职务高职称成本很高，一旦争取成功也还是合算的，因此才导致大家一致争取高职务高职称的情况。

3.4　信息不对称与道德风险（Moral Hazard）

3.4.1　道德风险的含义

在现代社会中，许多博弈都是在双方签订的契约的制约下进行的（如果契约确定的双方是一种委托关系，则一方为委托人，一方为代理人）。比如企业员工（一般企业为委托人，员工为代理人）在工作时间，是在与企业签订的用工合同下的制约下选择对自己最为有利的行为的。如果契约下的双方是处于一种信息不对称的情况下（通常是代理人有信息优势，因为他是否按照契约做事，他自己最清楚），契约下的一方（通常为代理人）利用其拥有的信息优势采取契约的另一方（通常是委托人）所无法观测的隐藏性行为，从而在损害另一方利益的情况下获利，则这种行为称为道德风险。

常见的道德风险行为有：

一是偷懒行为，即在信息不对称情况下的搭便车，个人付出的努力较小而享受了其他人的努力成果。

二是机会主义，即个体所付出的努力是在损害对方（委托人）利益的情况下增加自己的收益，这种情况也被称为其努力是负方向的。

产生的道德风险的条件主要有二个，一是契约双方在效用上存在冲突。二是信息不对称，这种信息不对称与逆向选择时的信息不对称不同，它是在契约签订之后出现的，主要是某一方是否采取契约规定的行为的难以观测性造成的。如果某一方是否采取契约规定的行为这一事实难以被对方观测到，则他就有一定的信息优势，就有可能发生道德风险。

☞ 保险市场中的道德风险

保险公司与投保人之间存在的信息不对称，投保人为信息优势方，因为保险公司观察不到投保人在签订保险合同后的行为。具体表现有，一些人投保财产保险后，不再小心地保护自己的财产了，因为一旦有损失，反正有保险公司赔付。甚至有人故意制造事故来骗取保费。所有这些行为，都会使保险公司承担超过正常概率的赔付率。

其实，这只是个人在面对激励时候所进行的反应，并没有什么特别不道德。在某些情况下，这种反应甚至是正确的，例如医疗保险可以减少病人的实际支出，就是鼓励买了医疗保险的人常去医院，进行早期治疗。

3.5 解决道德风险的一些办法

在实践中，解决道德风险的办法主要有三类。

一是加强信息观测，使信息弱势降到最低，减少信息不对称。

二是如果是在重复博弈的情况下，则可充分利用后期惩罚，即如果博弈的某一方出现道德风险，就把这些道德风险行为公布于世，这样就会造成一种后期惩罚，从而使道德风险行为受到威慑。

三是设计合理的契约，使代理人的效用目标与委托人一致，从而从根本上防止道德风险。在这方面，经济学家赫维茨（Hurwiez）提出了“激励相容原理”，即通过设计一种合理的契约或者制度，使代理人所追求个人利益正好与委托人的利益相一致。比如，企业对于销售员“按销售量提成”的薪酬制度，就是符合激励相容原理的，因为在这样的制度下，作为代理人的销售员会追求产品的销售数量，而提高销售数量也是作为委托人的企业所希望的。

$$\int u(s(r(a^*,\theta)))f(r)dr - c(a^*) \geq \int u(s(r(a,\theta)))f(r)dr - c(a) \tag{3-1}$$

公式（3.1）是赫维茨等人提出的“激励相容原理”的数学模型表达。其中：

a^* 是委托人希望代理人选择的行为，而 a 则为除了 a^* 之外代理人可以选择的其它任意行为。

$r(a,\theta)$ 为代理人的产出函数，其中 θ 为影响产出的随机因素。这个函数表示，代理人的产出会同时受自己的行为选择 a 与随机因素 θ 这两个因素的影响。

$s(r(a,\theta))$ 是委托人给代理人的激励（比如工资或奖金等），这个函数表示，委托人给代理人的激励是受代理人的产出 r 影响的，通常二者为正相关函数，即代理人的产出越高，他所得到的激励就越大一些。

$u(s(r(a,\theta)))$ 为代理人的效用函数。这个效用函数表示，代理人从自己行为中得到的效用与委托人给他的激励 s 有关。这种关系通常为正相关，即代理人的得到的激励 s 越多，他所感受到的效用 u 就越大。

$f(r)$ 为产出的分布密度函数。

$c(a)$ 为行为 a 的成本。

公式（3－1）表明，作为委托人，如果想使代理人选择委托人所希望的行为 a^*，必须使代理人在行为 a^* 时所得到的效用大于他选择其他行为 a 时的效用。这就是“激励相容”的意思。比如，如果管理者（委托人）希望工人（代理人）努力工作，就必须使努力工作的工人得到的报酬大大地高于不努力工作的工人。

需要读者注意的是，赫维茨提出的“激励相容”的公式，有一个隐含的假设前提：假设效用是可以加减的。比如在公式（3－1）中，把期望效用 $\int u(s(r(a,\theta)))f(r)dr$ 与成本 $c(a)$ 相减，以此来作为代理人的总效用。但在实际上，只有同类收益可以相加减（比如，经济收益与经济收益可以相加减），而且对于一种行为来说，只有得到其总的收益之后，才能求其效益。比如，某人做生意成本为20万元，收入为30万元。其总效用不能表示成30万元的效用减去20万元的效用，而是30万元减去20万元后得10万元，求10万元的效用。因此，赫维茨提出的公式只是给出了激励相容的原理，即给出了“使代理人听从委托人的话”必须满足的条件，但却不是一个非常准确的反映现实的公式，因此也无法直接应用，除非把其中的“效用”修改成“收益”，才能够在实际中应用。

目前，一些企业搞“员工持股计划”，以求“把员工的利益与企业整体利益捆绑在一起”，让员工努力工作，自觉地维护企业的利益，实际上就是形成“激励相容”。

习题：

3.1　举一个你所知道的激励相容的例子。

3.2　什么是分离均衡，什么是混合均衡？

3.3　道德风险行为有几种，都是什么?

3.4　什么是搭便车?

3.5　什么是逆向选择?

3.6　以契约为判断标准，逆向选择与道德风险有什么不同。

3.7　逆向选择的发生条件是什么?

3.8　道德风险的发生条件是什么?

3.9　什么是激励相容?

3.10　防止逆向选择有哪些办法?

3.11　防止道德风险有哪些办法?

3.12　现实中，优质优价的商品仍然大量存在，是如何解决逆向选择的?

本章参考文献

[1] George A. Akerlof, The market for lemons: quality uncertainty and the market mechanism [J]. Quarterly journal of economic, 1970, 84: 485 - 500.

[2] Michael Spence. Job Market Signaling [J]. Quarterly Journal of Economics, 1973, 87 (3): 355 - 374.

[3] Robert Gibbons. A Primer in Game Theory [M]. New York: Harvester Wheatsheaf, 1992.

第四章　先动优势与后动优势

导入案例：讨价还价中的“先动”与“后动”

- 在讨价还价的交易中，必须有人先开价。问题是谁先开价呢？你先开价对你有利，还是对方先开价对你有利？
- 在两个参与人的博弈中，如果双方不是同时选择博弈行为，则必然会有一个参与人先行动，另一个参与人后行动。在一些情况下，先动与后动，往往会形成优势或者劣势。如果先动者具有优势，称为先动优势，如果后动者具有优势，则称为后动优势。

4.1　先动优势（First – Mover Advantage）

4.1.1　离散行为中的先动优势

☞ 海盗分金

5 个海盗抢到了 100 颗金币，每一颗都一样的大小和价值连城，他们决定这样分：首先抽签决定自己的号码（1，2，3，4，5）；其次，按照所抽的号码，先由 1 号海盗提出分配方案，然后大家 5 人进行表决，当且仅当超过或等于半数的人同意时，按照他的提案进行分配，否则将被扔入大海喂鲨鱼。如果 1 号死后，再由 2 号提出分配方案，然后大家 4 人进行表决，当且仅当超过或等于半数的人同意时，按照他的提案进行分配，否则将被扔入大海喂鲨鱼。然后，以次类推……直到分配结束为止。注意，我们假设每个海盗都是极其聪明的人，每个海盗也都是非常残忍的人，而且每个海盗都能明确的判断得失然后作出明智的选择问题。

请问：第一个海盗提出怎样的分配方案才能够使自己的收益最大化？

分析：设 X_i 表示每个海盗分得的金币数，$i=1, 2, \cdots, 5$ 表示海盗抽签所得的顺序号码。在本例题中，由于信息完全对称，所以可以采用逆向归纳的推导思路。

设想如果只剩下两个海盗，即海盗 4 和海盗 5，则海盗 4 会提出分配方案：$x_4=100$，$x_5=0$，海盗 4 自己同意，达到一半规定，海盗 5 只有被迫接收海盗 4 的方案得到 0 个金币。

因此，剩下两个海盗的情况下对于后行动的博弈者是不利的，海盗 4 此时具有先动优势，为了避免这种局面的出现，海盗 5 必须支持海盗 3 的分配方案。

倒推到剩下三个人，海盗 3，海盗 4 和海盗 5 时，信息完全和理性促使海盗 3 考虑到后续结局，海盗 3 会提出分配方案：$x_3=99$，$x_4=0$，$x_5=1$，从而赢得海盗5的支持（否则后续博弈中海盗5只能得到0个金币），方案通过。

此时，海盗4只能分得0个金币，因为海盗3的先动优势，类似于切蛋糕的人，为了避免如此局面，海盗4会支持海盗2的分配方案以消除海盗3的先动优势。

当有四个海盗的时候，海盗2会提议 $x_2=99$，$x_3=0$，$x_4=1$，$x_5=0$，这样得到的一半的支持，分配方案获得通过。

倒推到博弈开始的时候，海盗1具有先动优势，并且由于切蛋糕的资源而可以争取海盗3和海盗5的支持，海盗1会建议 $x_1=98$，$x_2=0$，$x_3=1$，$x_4=0$，$x_5=1$，从而赢得3和5的支持，就此结束博弈过程。

☞ 火柴难题

A和B两个人在玩捡火柴的游戏，桌子上放有30根火柴。首先A捡起1根、2根或3根火柴。然后B也必须捡起1根、2根或3根火柴。持续以这种方式进行，直至捡起最后一根火柴。

捡到最后一根火柴的局中人为输家

问题：A该如何操作才能够稳赢?

分析：博弈者A应该如何操作才能先动优势，从而使得博弈的结局有利于自己呢？依旧使用逆向归纳的求解思路，假设当博弈进行到只有5根火柴的时候，轮到B捡火柴，那么B必然输掉游戏，因为此时博弈者A具有后动优势，即无论B如何捡起火柴，A都会赢得游戏。以此类推，当轮到博弈者B捡的时候剩下9、13、17、21、25、29根火柴的情况下，A一定会赢的比赛，因此，在一开始博弈的时候，A只要捡起1根火柴，并且在剩下的对局中保证按照上述序列博弈，就可以赢得游戏，此时可以说A具有先动优势。

☞ 夫妻博弈中的先动优势

情侣博弈是博弈论中的一个经典案例，说的是男女双方在选择周末一起去看足球比赛还是去看芭蕾表演时的博弈过程。一般来说，男方更喜欢看足球比赛，而女方则更喜欢看芭蕾表演。但双方又不愿意分开各自去看足球比赛和芭蕾表演，因此双方在这样的约束条件下进行博弈。

为了使问题更“值得博弈”（其实看足球比赛还是看芭蕾表演，这对于热恋中的情侣来说，几乎没人愿意“博弈”，往往是更想讨对方欢心而选择对方喜欢的节目去看），也为了使该案例更符合中国人的实际问题，笔者把这个问题改写为一对在外打工的小夫妻，在春节放假期间，为了到底是回男方家（简称为“男家”）过年还是回女方家（简称为“女家”）过年而形成的博弈问题。与情侣博弈类似，男方想回男方老家过年，女方想回女方老家过年，但夫妻双方又不想分开各自回自己的老家过年（这对双方来说都是最糟糕的结果）。

假设男女双方各自去买回家的车票，在这样的情况下，夫妻博弈是有先动优势的，即谁最先去买车票，谁的收益会高一些。

请看女方先行动的夫妻博弈（图4－1）

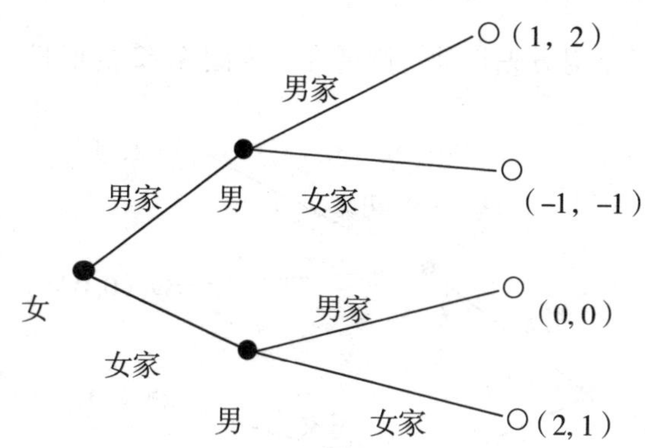

图4－1　女方先行动的夫妻博弈

运用逆推法，可以看出，这个博弈的均衡点是女方和男方都选择女家。结果是女方得到的收益为2，男方得到的收益是1。

逆推法的具体过程为：

首先看在女方已经选择了“男家”情况下，男方如何选择。由图4－1的上部，可以看出如果男方选择“男家”，结果是夫妻一起到男方家过年，则男方收益得“2”，女方得“1”。但如果男方选择了“女家”，则结果就是男方到女方家过年，女方到男方家过年，双方由于既无法到自己父母家过年，又不能团聚，因此，男女双方都得“－1”。这样，可以看出，如果女方已经选择了到男方家过年，则男方必然会选择“男家”。这样，对于女方来说，她选择“男家”的收益就是“1”。

再看在女方已经选择了“女家”情况下，男方如何选择。由图4－1的下部，可以看出如果男方选择“女家”，结果是夫妻一起到女方家过年，则男方收益得“1”，女方得“2”。但如果男方选择了“男家”，则结果就是男方到男方老家过年，女方到女方老家过年，双方能够回到自己父母家过年，但不能团聚，因此收益与损失抵消，男女双方都得“0”。这样，可以看出，如果女方已经选择了到女方家过年，则男方必然会选择“女家”。这样，对于女方来说，她选择“女家”的收益就是“2”。

综合上述情况，如果让女方先行动，则她应当选择“女家”，这样博弈的结果是女方得到的收益为2，男方得到的收益是1。由此可见，女方由于先行动而得到的收益大于男方。

反过来，如果是男方先行动，则博弈变成图4－2的形式。

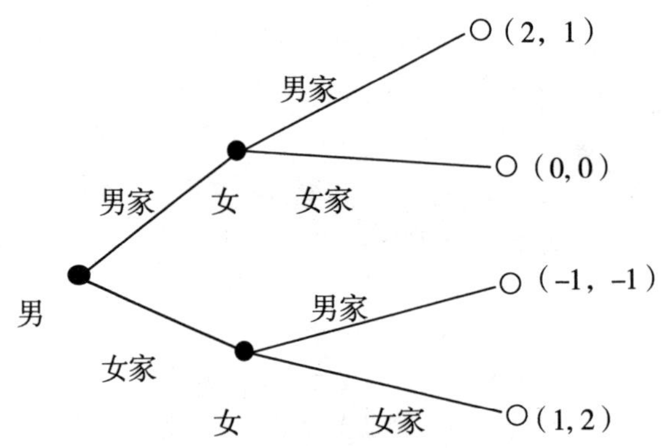

图4－2　男方先行动的夫妻博弈

运用逆推法，可以看出这个博弈的均衡点是女方和男方都选择男家。结果是女方得到的收益为1，男方得到的收益是2。

与上述相似，在男方先行动的情况下，逆推法的具体过程为：

首先看在男方已经选择了“男家”情况下，女方如何选择。由图4－2的上部，可以看出如果女方选择“男家”，结果是夫妻一起到男方家过年，则男方收益得“2”，女方得“1”。但如果女方选择了“女家”，则结果就是男方到男方老家过年，女方到女方老家过年，双方能够回到自己父母家过年，但不能团聚，因此收益与损失抵消，男女双方都得“0”。可以看出，如果男方已经选择了到男方家过年，则女方必然会选择“男家”。这样，对于男方来说，他选择“男家”的收益就是“2”。

再看在男方已经选择了“女家”情况下，女方如何选择。由图4－2的下部，可以看出如果女方选择“女家”，结果是夫妻一起到女方家过年，则男方收益得“1”，女方得“2”。但如果女方选择了“男家”，则结果就是男方到女方家过年，女方到男方家过年，双方由于既无法到自己父母家过年，又不能团聚，因此，男女双方都得“－1”。这样，可以看出，如果男方已经选择了到女方家过年，则女方必然会选择“女家”。这样，对于男方来说，他选择“女家”的收益就是“1”。

综合上述情况，如果让男方先行动，则他应当选择“男家”，这样博弈的结果是女方得到的收益为1，男方得到的收益是2。由此可见，男方由于先行动而得到的收益大于女方。

需要注意的是，在本例的夫妻博弈中，我们把双方定义为“理性人”，即双方都是以自己的利益最大化为选择行为的准则的。在这样的情况下，这对“夫妻”追求的是自己的收益而不是照顾对方。如果双方都是以对方收益最大化为目标（这种情况下这是一对无私的夫妻），则博弈结果就大不相同的。

夫妻博弈可以用来描述产品具有关联性的企业之间的关系。这些企业之间，往往存在先动优势：如果双方产品配套，则双方都会有较大收益，但是先行动的企业可选择对自己更有利的产品来生产，后行动的企业，在选择与先行动的企业的产品“配套产品”还是“不配套”产品的情境下，因选择“配套产品”的收益会多一些，从而不得不选择“配套产品”。在这样的情况下，先行动的企业的收益会比后行动的企业的收益大，因此形成“先动优势”。

4.1.2　连续行为中的先动优势

连续行为指各个行为之间变化是连续的的情况，比如在招标过程中，买家如果每一笔报价是一个行为，则由于可报的价格是连续的，则报价行为就是一种连续行为。

为了对比先行为者的优势，大家可以回忆在本书第二章中介绍的双寡头竞争古诺模型，古诺模型研究的是同时行动的博弈，本文将要介绍的斯塔尔伯格模型是具有先动优势的博弈，读者可以将两者的结果对比分析。

☞ 斯坦克尔伯格领导者与跟随者模型——先动优势

斯坦克尔伯格（Heinrich Freiherr von Stackelberg，1905—1946），德国经济学家，他在1934年出版的《Marktform und Gleichgewicht》一书中提出了著名的领导者与跟随者模型，后人将该模型命名为Stackelberg leadership model，即斯坦克尔伯格领导者与跟随者模型。

在斯坦克尔伯格领导者与跟随者模型中，博弈参与者分别是企业Leader和企业Follower，博弈的内容仍然是就同一产品选择其产量。与古诺模型的区别在于二者存在行动的先后次序：Leader先行决策自己产量，Follower观察到Leader的决策结果后，再对自己的产量作出决策。Leader知道Follower会观察自己的产量决策并根据观察结果来制定他的产量决策，因此，在Leader进行决策时必须充分考虑这一点。

设Leader为企业1，其产量为q_1，Follower为企业2，其产量为q_2。并设产品的需求价格函数仍然为$p = a - b(q_1 + q_2)$，为了与前面的古诺模型进行比较，这里仍然设产品的固定生产成本为0，单位可变成本为c。

由于斯坦克尔伯格领导者与跟随者模型描述的是双方行为具有先后顺序的博弈，因此可以使用倒推法来求解。为此，先求后行动者企业2的产量决策。当企业1的产量q_1已知时，企业2的收益函数为：

$$u_2(q_1,q_2) = q_2(p - c) = q_2(a - b(q_1 + q_2) - c) \tag{4-1}$$

求导并令其为0，得：

$$\frac{\partial u_2}{\partial q_2} = a - bq_1 - 2bq_2 - c = 0 \tag{4-2}$$

解得：$q_2{}^* = \dfrac{a - bq_1 - c}{2b}$。

对于企业1来说，其收益函数为：

$$u_1(q_1,q_2) = q_1(p - c) = q_1(a - b(q_1 + q_2) - c) \tag{4-3}$$

代入 $q_2{}^{*}=\frac{a-bq_1-c}{2b}$，有：

$$u_1=q_1(p-c)=q_1(a-b(q_1+\frac{a-bq_1-c}{2b})-c)=q_1(\frac{a-bq_1-c}{2})\tag{4-4}$$

求导并令其为0，得：

$$\frac{du_1}{dq_1}=\frac{1}{2}(a-2bq_1-c)=0\tag{4-5}$$

解得：

$$q_1{}^{*}=\frac{a-c}{2b}。$$

将其代入 $q_2{}^{*}=\frac{a-bq_1-c}{2b}$ 中，得：

$$q_2{}^{*}=\frac{a-c}{4b}\tag{4-6}$$

因此，企业1和企业2的最大收益分别为：

$$u_1=\frac{a-c}{2b}(a-b(\frac{a-c}{2b}+\frac{a-c}{4b})-c)=\frac{(a-c)^2}{8b}\tag{4-7}$$

$$u_2=\frac{a-c}{4b}(a-b(\frac{a-c}{2b}+\frac{a-c}{4b})-c)=\frac{(a-c)^2}{16b}\tag{4-8}$$

对比斯坦克尔伯格模型与古诺模型，在两个企业同时行动时，纳什均衡是 $q_1{}^{*}=q_2{}^{*}=\frac{a-c}{3b}$，而在两个企业行动有先后顺序时，则先行动的企业的产量为 $q_1{}^{*}=\frac{a-c}{2b}$，后行动的企业的产量为 $q_2{}^{*}=\frac{a-c}{4b}$。比较这两个均衡结果，我们发现，斯坦克尔伯格模型中，企业1的均衡产量大于在古诺模型中的均衡产量，企业2的均衡产量小于在古诺模型中的均衡产量；企业1的利润大于古诺模型中的利润，企业2的利润小于古诺模型中的利润。企业1由于“先动”而占有一定优势，这就是“先动优势”。对比古诺模型、斯坦克尔伯格模型以及双方合作串谋情况的均衡与收益，如表4.1所示。

表 4.1 古诺模型、斯坦克尔伯格模型与合谋的对比

	企业 1 产量	企业 2 产量	总产量	企业 1 利润	企业 2 利润
古诺模型	$\frac{a-c}{3b}$	$\frac{a-c}{3b}$	$\frac{2(a-c)}{3b}$	$\frac{(a-c)^2}{9b}$	$\frac{(a-c)^2}{9b}$
斯坦克尔伯格模型	$\frac{a-c}{2b}$	$\frac{a-c}{4b}$	$\frac{3(a-c)}{4b}$	$\frac{(a-c)^2}{8b}$	$\frac{(a-c)^2}{16b}$
双方合谋	$\frac{a-c}{4b}$	$\frac{a-c}{4b}$	$\frac{a-c}{2b}$	$\frac{(a-c)^2}{8b}$	$\frac{(a-c)^2}{8b}$

在商业竞争中，高新技术产业企业往往设法通过不断地开发新产品而在竞争中取胜。这其实就是博弈中的先动优势。由于新产品出现后，后来的模仿者往往需要一定的时间才能形成生产规模，因此，先行者可以对新在一定时期内形成垄断。而且，新产品一旦在市场上形成品牌和客户的忠诚度，后来者要打破这种局面是需要付出巨大的成本的。

在现实社会中，软件开发、技术标准制定、交通规则的制定、电脑键盘的布局，甚至国家官方语言的选择等，都是具有先动优势的。

4.2 后动优势（Second – Mover Advantage）

每个博弈局势都不同，有些博弈过程对于先行动者有较高的回报，有些则对后行动者给予较大的支持，后者就是后动优势。

后动优势在现实中有很多常见的例子，例如在自行车比赛中，处于第一位的选手虽然领先，但却承担着速度带来的空气压力，其位置称为“破风”，为后面的选手抵挡阻力，而后面的选手利用大树底下好乘凉的优势，保存实力，采取跟随策略，最终冲刺的时候往往后发先至，赢得冠军。所以在比赛中，“破风”的位置并不占优势，而是由不同的选手轮流充当。

再比如企业运营管理中，关于实体店铺的选址问题也存在着后动优势，假设有两个竞争性的快餐企业，企业 1 是先行者，它经过流量计算、目标市场调研、位置模拟等工作选定的一个新店铺的位置，并开设新店。而企业 2 作为后动者，完全不需要进行上述工作，付出类似的成本和时间，而只是观测到企业 1 的选址位置后，在相隔不远的邻近位置选址开设新店即可。

☞ *追逐游戏——后动优势*

猫捉老鼠的游戏，A 和 B 代表两个不同的位置，如果猫和老鼠在同一个位置就意味着猫捉到了老鼠，否则捕捉失败，如表 4.2 所示。

表 4.2　猫鼠追逐博弈

	老鼠在位置 A	老鼠在位置 B
猫在位置 A	1，－1	－1，1
猫在位置 B	－1，1	1，－1

在这个猫鼠博弈中，后行动者具有后动优势，因为如果猫先行动到 A 点，老鼠观测到猫的行动，老鼠自然会跑到 B 点，以此类推，猫永远也捉不到老鼠，老鼠处于安全状态，后动优势明显。

☞ *纸牌游戏——后动优势*

一个纸牌游戏：共 3n（n 大于等于 1）张牌，两人进行轮流拿牌的博弈游戏。规则是：每人一次可拿 1 张或 2 张，能够拿到最后剩下的一张者为赢。

对于这个博弈来说，后动者必赢。之所以必赢的原因是，后动者可以看着剩下的牌的数量，决定自己是拿一张还是两张，总是留给对方 3m 张（m 小于等于 n）。比如如果剩下 7 张版，就拿走一张，剩下 6 张给对方，如果剩下 5 张牌，就拿 2 张，剩下 3 张给对方，结果对方无论是拿 1 张还是 2 张，自己总能够把最后一张牌拿到手。

就企业之间对同质产品的“定价博弈”来说，也是有后动优势的。因为只要知道对手企业的定价，本企业就可以将产品的定价比对方稍低一点，从而吸引消费者。

表 4.3　参与人 1 具有后动优势的博弈

		左	中	右
参与人1	上	4，12　4	3，103	2，12
	下	3，12	2，10	1，11

表 4.3 表示的博弈中，参与人 1 具有后动优势：如果参与人 2 先选择行为，

参与人2一般会选择“左”（“右”为弱劣策略，也不应当选择））。这样，参与人1可以选择“上”，从而双方达到（4，12）这个纳什均衡，得益为4。

反之，如果参与人1先行动，他会选择“上”。结果会造成参与人2选择“左”或者选择“右”都无所谓，这时参与人1就会面临较大的风险。

在经济学理论中有“次序经济理论”或者“进入次序效应”（Entry order effect）一说。该理论主要研究在市场竞争中究竟是先动者有优势还是后动者有优势的问题。尽管有各种观点，但总体来说，该理论比较倾向于“后动优势”。比如，Lieberman 和 Montgomery（1990）认为后动优势至少有三个方面：

（1）“免费搭乘”效应：后动者可能会在产品的设计与研发、顾客培养、员工培训、政府审批、基础投资等方面比先动者节省投资。

（2）先动者在技术或营销战略方面存在更多的犯错误的风险，因为几乎没有经验可以学习。

（3）先动者付出巨大代价得到的技术和经验，都可能很容易地被模仿。

由此可见，后动优势是指在博弈中，处于劣势者通过和平共处的阶段尽可能获取最多的收益，并在积累一定实力后反超对手，赢得博弈。那么，后行动者凭什么可以做到后发先至呢？正如上文中提到的成本节约的免费效应、没有了试错成本、直接学习最先进的技术和经验等等都可以使得后行动者后来居上。

1994年亚马逊（Amazon. com）作为一家在线书店在美国成立，其销售的产品很快从图书拓展到DVD、电脑软件、视频游戏、家具、玩具等更广泛的领域。但是大家不知道的是在1991年第一家在线书店books. com最先成立，它是美国乃至全球第一家电子商务书店，但是优越市场发展并不成熟，消费者还没有接受网上购物，books. com公司由于种种原因被迫倒闭被出售给其他企业，而亚马逊却在2年后起步并发展成为美国第一大电子商务企业。

4.3 先动优势与后动优势可能同时存在

在顺序博弈中，有一些博弈既无先动优势也无后动优势，有一些博弈具有先动优势，也有一些博弈具有后动优势，还有一些博弈，则同时具有先动优势与后动优势。

请看表4.4表示的博弈。

表 4.4　先动优势和后动优势并存的博弈

参与人2

		左	右
参与人1	上	10，0	5，4
	下	10，100	5，0

在这个博弈中，参与人 1 具有先动优势。即他先选择“下”，注定可以得到 10。如果让参与人 2 先动，参与人 2 先选择“左”时，对参与人 2 的风险很大，因为在这样的情况下，万一参与 1 选择“上”，则参与人 2 只得到 0。因此，为了保险，参与人 2 一般会选择“右”，这样参与人 1 就只能得 5 了。

这个博弈的特点在于，在参与人 1 具有先动优势的情况下，参与 2 同时还具有后动优势。他可以让参与人 1 先行动，参与人 1 必选择“下”，这样他就可以选择“左”，结果得到 100 这个较大收益。

习题：

4.1　结合生活中的例子，构造一个在大合作前提下有利益矛盾的先动优势博弈。

4.2　在无参考价格的讨价还价博弈中，买方是具有后动优势的。因为买方在不知对方心理价位的情况下，如果卖方对方开价较低，则等于把心理价位告诉给自己，可以低价成交；如果对方开价较高，则可以通过谈判进一步压低价格。

请构造二个博弈树，一个卖方先动，一个买方先动。比较两个博弈的结果。

4.3　二个同学分吃一块蛋糕，一人切蛋糕，一人分蛋糕。二人都是想多吃的理性人。构造一个博弈树，证明分蛋糕的人有优势。

4.4　有两家生产同质产品并进行价格竞争的企业。如果后动的一方知道竞争对手的定价，则你可以将所出售商品的价格再稍稍降低一点，从而既可将大量的消费者从竞争对手那里吸引过来，又不至于降价过多而遭受损失。请建立博弈模型。

本章参考文献

[1] Claude E. Shannon. Programming a Computer for Playing Chess [J] . Philosophical Magazine, 1950, 41 (314): 1 - 18.

[2] Robert Gibbons. A Primer in Game Theory [M] . New York: Harvester Wheatsheaf, 1992.

[3] Isabelle Brocas, Juan D Carrlio. the Path to Equilibrium in Sequential and Simultaneous Games [J]. Unpublished manuscript, 2014.

[4] Vincent P. Crawford and Hans Haller. Learning how to cooperate: Optimal play in repeated coordination games [J] . Econometrica: Journal of the Econometric Society, 1990: 571 - 595.

第五章　博弈中的可信承诺与可信威胁

导入案例：该如何发出承诺和威胁？

- 人们在各种博弈中，常常遇到和使用各种威胁与承诺。比如家长经常对孩子说："你如果努力学习，考试成绩很好，就带你去旅游。"这一种承诺。在商务合作中，告诉对方：如果不诚信就中断合作，这是一种威胁。
- 显然，家长的承诺是想促使小孩努力学习，但小孩会想，如果我考试成绩好，家长会真的带我去旅游吗？商务合作中的威胁，是想促使对方诚信经营，但对方会想，如果我不诚信，威胁方真的会中断合作吗？
- 这些都是承诺与威胁的可信性问题，是本章需要研究的主要内容。

5.1　承诺与威胁的可信性

5.1.1　承诺与威胁的含义

承诺与威胁是博弈论中的重要内容。其中，承诺是对对方有利的诺言，而威胁是对对方不利的诺言。

诺贝尔经济学奖获得者谢林（T. C. Schelling）把承诺与威胁定义为：A宣布，B的行为会导致A的一个反应，这个反应如果是奖励，则这个宣布就是承诺；这个反应若是惩罚，则这个宣布就是威胁。

从接受承诺或威胁的一方的角度来看，根据实现承诺与威胁对发出承诺与威胁的一方的收益的影响的角度来判断，有一些承诺或威胁是可信的，而有一些承诺或威胁是不可相信的。

如果在事先约定的条件下实现承诺或威胁对发出承诺或威胁一方更有利，则这些承诺与威胁是可信的。反之，如果实现承诺或威胁对发出承诺或威胁一方没有好处甚至有害，则这些承诺与威胁是不可信的。

因此，承诺与威胁都有三个要素：一是如果对方发生一个行为，这是触发条件。二是己方的反应规则，这是反应。三是必须把对方的触发条件与自己的反应规则明确告知对方，这就是宣布。

在博弈的情境下，承诺与威胁的目的影响对方的行为选择。

5.1.2　承诺与威胁的可信性

承诺与威胁的可信性，是动态博弈中的一个重要概念，因为它会影响动态博弈的实际走向。在现实中，有一些承诺或威胁是可信的，有一些承诺与威胁是不可信的。

这里，判断承诺与威胁的可信性的原则是，在这些承诺或者威胁的触发条件下，如果承诺者或者威胁者实现其承诺或者威胁，比不实现这些承诺或者威胁对他自己更为有利，则这些承诺或者威胁就是可信的。反之，如果承诺者或者威胁者实现其承诺或者威胁对他自己不利，则这些承诺或者威胁就是不可信的。这是因为人们相信理性人在面对若干可以选择的行为时，只会选择对自己最有利的行为。

这里必须强调的是，承诺与威胁的可信性的研究，必须是以理性人假设为基础的。对于非理性人，是无法判断承诺与威胁的可信性的。

☞ 工会的威胁

工会要求企业给工人涨工资，经常发出的威胁是："不给我们涨工资就罢工"。对于企业主来说，这个威胁是不可信威胁。因为罢工虽然能够给企业带来损失，但也同时给工人带来损失。在企业"不给工人涨工资"的触发条件下，选择"不罢工"这个行为对工人更有好处。需要注意的是，这里的"不可信"并不是"一定不会实现"的意思。比如，如果工会相信如果罢工，最先吃不消的是企业，最终不得不给工人涨工资；这时，工会就会选择"罢工"。

☞ 软预算约束（Soft Budget Constraint，Kornai）

许多国家的政府在要求国企努力经营时，经常发出的威胁是如果亏损，国家不会救助。

但实际上，如果国企发生亏损而破产，则国家也会遭受损失，因此，这个威胁是不可信的。

☞ 棘轮效应（Ratchet Effect，Berliner）

在苏联时期，政府给企业定任务指标，承诺如果每年超额完成这个指标，政府就会对企业负责人进行奖励。

但实际上，如果企业当年真的超额完成了该指标，则来年政府就会调高任务指标，使每年的超额变得越发困难。

所以，企业往往会隐藏自己的真实生产能力，因为政府的承诺是不可信的。

☞ 以色列的反恐信誉

以色列有一个著名的承诺：决不与恐怖分子谈判。这个承诺意在阻吓恐怖分子，打消他们企图劫持人质，并以此来勒索赎金或者要求释放犯人的念头。

这个承诺的可信性经历了多次危机的证实，使得恐怖分子相信这个承诺是可信的，所以恐怖分子意识到他们的行动是徒劳的，也就使得以色列人免除了成为恐怖分子绑架勒索的目标。

5.2 提高承诺或威胁的可信性方法

在博弈过程中，使自己的承诺可信或威胁变成可信的方法，主要是改变触发条件下的环境，使履行承诺或威胁成为对自己有利的策略。在这样的情况下，一旦触发条件发生，对方基于对其博弈对手是理性人的假设，就会认为他的博弈对手必定会履行承诺。

以研究承诺的可信性而获得诺贝尔经济学奖的谢林曾举了一个例子：一个裁缝向别人借钱，所借的钱不多，如果不还，他也不会受到法律的惩罚。这时，如果他只是单纯地说“我将来一定会还钱，请相信我”，这个承诺是一个不可信承诺。因为，在这种情况下如果他不还钱，对他更为有利（不考虑他的声誉损失及以后对他的生意的不利影响）。反之，如果他把自己的缝纫机抵押给债权人（假设缝纫机的市场价格大于他所借的钱的金额），这样他的还钱承诺就变成可信的承诺了，之所以可信，是因为如果他不还钱，抵押物就会被出借者收掉，这样他的损失会更大。

人们贷款时的抵押物、预定商品时付的押金等，实际上都起着把不可信承诺变成可信承诺的作用。中国古代的成语故事“破釜沉舟”，其实也是通过改变触发条件时自己的可选择行为集合，使履行承诺成为必然。

又比如恐怖分子劫持了一架飞机和全体乘客，要求释放其被关押的首领。作为以色列官方，要不要谈判呢？以色列政府的做法是假意和恐怖分子谈判，答应其条件，然后背弃达成的“许诺”，发起攻击，消灭劫匪。这样做的结果使得政府值得信赖的信誉丧失殆尽，政府失去了做出一个可信的承诺的能力，这种破坏承诺可信度的做法将绝不谈判的威胁变得非常可信了。

☞ 银行抵押贷款

个人向银行借钱（贷款），如果只是承诺说一定会还钱，则这个承诺不可信。但如果以房产作为抵押，如果不还钱房产可以被银行收掉。则这时还钱的承诺就是可信的，因为履行承诺对借款人更有利。

由此例可以看出，抵押制度产生于承诺的可信性问题。根据中国财政部统计显示，2013 年某银行发放国家助学贷款，即使是广受好评的生源地信用助学贷款，违约率也达到了 25.47%。为什么国家助学贷款坏账率如此之高？原因在于缺少抵押制度。

☞ 减肥声明

某君想减肥，为了使自己的承诺可信，他花钱在报纸上登出一则声明并且附上自己的照片：若谁发现他吃高热量食品，可以当场向他索要 5000 元罚金。

这也是一个可信承诺。使用的方法也是改变触发条件下的环境。因此，类似戒烟、戒毒、减肥等依靠自身力量难以实现的愿望，大多需要借助他人的帮助。

其次，通过重复博弈建立信守承诺（威胁）的声誉也可以提高可信性。西汉初年有一个叫季布的人，做事非常讲信义，当地流传这样的俗语：得黄金百两，不如得季布一诺。这就是成语“一诺千金”的由来。季布的承诺，其可信性，来源于日常生活中的重复博弈。

研究承诺的可信性及其提高可信性的方法，在商业合同等领域具有很强的实用意义。建立合同，使得破坏承诺（威胁）的代价高于遵守承诺（威胁）的代价，也可以提高承诺（威胁）的可信性。当然，如果信誉足够大，就没有必要签订合同。例如国债比企业债的信誉好，是因为国债的信誉是国家代表的，国债展现出比企业债券更雄厚的资金实力，因此可信度更高，更受欢迎。

此外，现实中常见的提高可信度的方法还包括引入独立、权威的第三方担保，提高可信度。例如借贷业务时的担保人或担保公司、网上购物中的支付宝等。

5.3　不同可信承诺与威胁的博弈分类

5.3.1　博弈双方皆无可信威胁——懦夫博弈

在一些博弈论著作中，有一个著名的 Chicken Game，Chicken 在美国口语中是指“懦夫”，因此，Chicken Game 的意思是“懦夫博弈”。

“懦夫博弈”的原始模型，来自 20 世纪 50 年代拍摄的一个美国电影，电影中出现了这样一个场景：两名车手比试胆量，并事先制定了这样的比赛规则，两人驾车同时撞向对方，如果谁在最后时刻把车转向一边而避开相撞，谁就成为输家。当然，如果两者都不肯避让，则两车相撞，出现伤亡。

在这个博弈中，任何一方如果向对方提出“我不会相让”，都是不可信威胁。这是因为，如果接受威胁的一方不信邪，偏偏一定要向前闯，这时发出威胁的一方有两个行为可以选择：一是兑现其威胁，即也向对方撞去，结果是双方都车毁人亡；另一个行为是转向避开，结果是自己保全性命。显然，对于一个完全理性的参考人来说，如果对方不顾一切的撞来，选择转向避开而不是向对方撞去，对自己更为有利。

在懦夫博弈中，如果一方是鲁莽不顾后果的非理性人，另一方是完全的理性人，那么“非理性人”由于做事不计后果，因此理性人一方就无法断定对方是否一定会选择“避开”，而且如果知道对方是一个“非理性人”，则多半会判断对方会“鲁莽地撞来”，因此自己只好选择“避开”。在这样的情况下，非理性人一方往往是博弈的胜利者。博弈结果取决于双方对对方决心的估计。

☞ 现实版的懦夫博弈：古巴核导弹危机

1962 年，加勒比海地区发生了一场震惊世界的古巴导弹危机。它是由于 1959 年美国在土耳其部署弹道导弹引起的，前苏联为了扳回战略劣势，而在古巴部署核导弹。

迄今为止，古巴导弹危机仍然被认为是人类存亡的最危险时刻，它差点儿酿成热核战争，肯尼迪与赫鲁晓夫对此看法高度一致。

5.3.2　一方无可信威胁：市场进入博弈

市场进入博弈的结构如图 5 - 1 所示。该博弈有二个参与者，一是全面占有某商品市场的寡头企业 2，另一个是打算生产该商品从而进入该商品市场的挑战者企业 1。

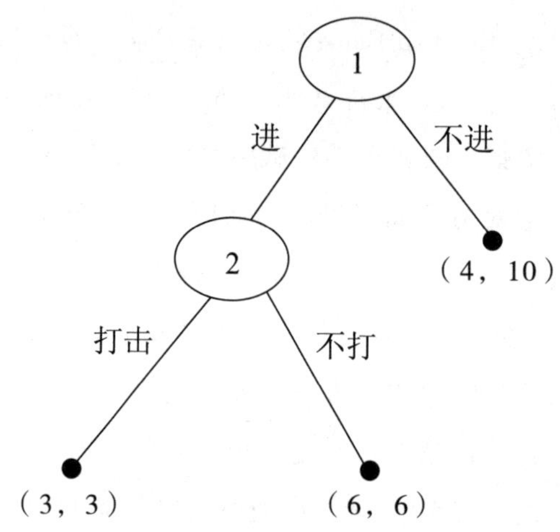

图 5 - 1　市场进入博弈

双方的博弈过程为：

在企业 2 全面占有市场的情况下，企业 2 发现有企业 1 想要进入市场。为此，企业 2 对企业 1 发出了威胁：如果你进入市场，我将以产品降价来打击你。

在面临企业 2 的威胁的情况下，企业 1 决定“进入市场”还是“不进入市场”。如果不进入市场，双方博弈结束，企业 2 仍然占有全部市场，其收益为 10。而企业 1 由于不进入市场，只在原来的领域经营，收益为 4.

如果企业 1 进入市场，则企业 2 决定“通过降价来打击企业 1”还是“不降价从而不打击企业 1”。

企业 2 如果不打击企业 1，则企业 1 得收益 6，企业 2 由于企业 1 的进入，市场被侵害，因此收益由原来的 10 降低到 6。

企业 2 如果打击企业 1，则企业 1 遭受损失，收益为 3，这样他还不如不进入该市场。6，企业2由于通过降价来打击企业1，自身的收益也受到影响，收益从原来的10降低到3。

显然，企业2对企业1的威胁“如果你进入市场，我将以产品降价来打击你”为不可信威胁，在企业1决定“进入”的情况下，企业2的最优行为是“不打击”而不是“打击”。因此，这个博弈的均衡结果为（进入，不打击）。

5.3.3　一方有可信威胁：破釜沉舟

汉语成语“破釜沉舟”，从博弈论的角度来看，反映的其实是“一方有可信威胁”的情况。中国历史上的秦汉时期，秦国军队包围了赵国，农民起义军首领项羽带兵去救赵国。当时，秦国军队很强大，项羽所带的士兵由于惧怕失败而不肯努力战斗。这时，项羽则必须设法使士兵拼命战斗，项羽与他的士兵形成了一对博弈关系。

为了使士兵能够把生死置之度外，项羽对他的士兵发出了“不拼命战斗就会死”的威胁：

项羽乃悉引兵渡河，皆沉船，破釜甑，烧庐舍，持三日粮，以示士卒必死，无一还心。于是至则围王离，与秦军遇，九战，绝其甬道，大破之，杀苏角，虏王离。这段话的译文为：

项羽率领全部军队渡过漳河，把船只全部弄沉，把锅碗全部砸破，把军营全部烧毁，只带上三天的干粮，以此向士卒表示一定要决死战斗，毫无退还之心。部队抵达前线，就包围了王离，与秦军遭遇，交战多次，阻断了秦军所筑甬道，大败秦军，杀了苏角，俘虏了王离。

这个博弈的实质是，由于项羽在士兵渡过漳河后，把通过船只全部毁掉，在这种情况下，士兵如果不努力战斗，项羽已经没有“让士兵撤退”这个选择了。因此，项羽对士兵的威胁“不拼命战斗就会死”的威胁是可信威胁。

习题：

5.1　承诺与威胁的可信性研究，为什么必须以理性人假设为前提？

5.2　汉语成语“破釜沉舟”的故事：项羽乃悉引兵渡河，皆沉船，破釜甑，烧庐舍，持三日粮，以示士卒必死，无一还心。于是至则围王离，与秦军遇，九战，绝其甬道，大破之，杀苏角，虏王离。在这个故事中，博弈的参与人是谁？哪一方发出了威胁？该威胁可信否？为什么？请用博弈树把该博弈表示出来。

5.3　假设有许多家企业都想进入市场，构造一个博弈树，证明寡头企业 2 发出的威胁是可信的。

本章参考文献

[1] M. J. Osborne. An Introduction to Game Theory [M]. Oxford University Press, 2014.

[2] Watson J. Strategy: an introduction to game theory [M]. WW Norton, 2013.

[3] John F Nash. The bargaining problem [J]. Econometrica: Journal of the Econometric Society, 1950: 155 - 162.

[4] 张维迎. 博弈论与信息经济学 [M]. 上海：上海人民出版社. 1996.

[5] 汪贤裕. 肖玉明. 博弈论及其应用 [M]. 北京：北京科学出版社，2008.

第六章　联盟博弈

导入案例：该如何确保合作稳定持续？

- 合作是人类最重要的社会行为之一，通过合作可以提高效率、降低成本并完成个体无法完成的任务。在合伙经商、共同完成某项目任务或处理某项公共资源等情形中，合作博弈往往不可避免。例如，五个人一起合伙创业，每个人的资源禀赋不同，不同的人组合会产生不同价值的收益，那么五人互相配合将合伙创业这个“蛋糕”做大的同时，该如何分配这个“蛋糕”才能保证五个人的合作不会分裂呢？怎样的分配才是公平、合理、具有激励效果和约束力的分配方案呢？
- 这些都是联盟博弈的问题，是本章需要研究的主要内容

联盟博弈，又称合作博弈、正和博弈，主要研究博弈活动发生在不同博弈者联盟之间的对抗，这里联盟就是合作博弈研究的对象。以往的非合作博弈是以参与者个体为单位，并且没有额外的约束契约存在，而合作博弈以联盟为单位，对于非合作者做出来自外部的惩罚机制，如利益分配合约等。

6.1　联盟及其特征概念

6.1.1　联盟

与以往类似，在 n 人博弈中，我们用 $N = \{1, 2, \cdots, n\}$ 表示博弈参与人的集合，N 的任意子集 S 称为一个联盟（Coalition）。

空集 $\varnothing$ 和全集 N 也可以看作是一个联盟，前者表示没有人参与的联盟，后者表示全体博弈者组成的联盟，也称为大联盟。当然，单点集也是一个联盟，表示博弈者各自为政，与非合作博弈类似。

人们之所以组成联盟，是因为期望在联盟中获取的收益超过每个人单干的收益。只有对个体收益具有超可加性的联盟，才有可能使每个个体的收益都超过自己单干时的收益。

为此，需要定义可加性、超可加性与次可加性。

可加性

对于任意两个小联盟（包括只有一个参与人的情况）S, T，$v(S \cup T)$、$v(S)$ 和 $v(T)$ 分别表示 S 与 T 合作、分别单干时的收益，如果 $S \cap T = \varnothing$，则 $v(S \cup T) = v(S) + v(T)$。则该联盟是可加性的联盟。对于可加性的联盟来说，个体加入联盟与不加入联盟的收益都一样（如果每个个体在联盟中的分配都不侵占别人的贡献的话）。

超可加性

对于任意两个小联盟 S, T，如果 $S \cap T = \varnothing$，则 $v(S \cup T) > v(S) + v(T)$。则该联盟是超可加性的联盟，即双方合作的收益超过各自单干收益之和。显然，超可加性的联盟是有规模效益的联盟。联盟的超可加性，是个体加入联盟的动力所在。

次可加性

对于任意两个小联盟 S,T ，如果 $S \cap T = \varnothing$ ，则 $v(S \cup T) < v(S) + v(T)$。则该联盟是次可加性的联盟。显然，对于次可加性的联盟，个体加入联盟后，收益会缩小。比如一些内耗严重的群体，个体分得的收益还不如个体单干收益更高。

6.1.2 子联盟的数量

对于 $N = \{1,2,\cdots,n\}$ 来说，任何人数少于或等于 n 的联盟（其中包括没有任何人的联盟），称为子联盟。

现在考虑可能的子联盟的数量。

首先，个人“单干”是规模最小的子联盟。对于 $N = \{1,2,\cdots,n\}$ 来说，这种子联盟共有 $\begin{bmatrix} n \\ 1 \end{bmatrix} = n$ 个。

其次，两个人也可以组成子联盟，“两个人组成的子联盟”的个数为 $\begin{bmatrix} n \\ 2 \end{bmatrix}$ 个。

同样，“三人联盟”的个数等于 $\begin{bmatrix} n \\ 3 \end{bmatrix}$ 个，$\cdots$ ，

“k 人联盟”的个数为 $\begin{bmatrix} n \\ k \end{bmatrix}$ 个（$1 \leq k \leq n$）。

6.1.3 所有联盟的数量

此外，从穷尽所有可能性的角度考虑，要考虑不包括任何人的“空联盟”$\varnothing$ 这个特殊的子联盟。$\varnothing$ 中不包含任何人，空联盟只有 $\begin{bmatrix} n \\ 0 \end{bmatrix} = 1$ 个。

由于用“任何人数少于或等于 n 的联盟”来定义子联盟，因此，大联盟

（包括的参与人数量为 n 个）、空联盟（这两个联盟可理解为特殊的子联盟）及所有的其他的可能子联盟的总个数等于：

$$\begin{bmatrix} n \\ 0 \end{bmatrix} + \begin{bmatrix} n \\ 1 \end{bmatrix} + \begin{bmatrix} n \\ 2 \end{bmatrix} + \cdots + \begin{bmatrix} n \\ n \end{bmatrix} \tag{6-1}$$

为了对上式求和，观察二项式公式：

$$(x+y)^n = \begin{bmatrix} n \\ 0 \end{bmatrix} x^0 y^n + \begin{bmatrix} n \\ 1 \end{bmatrix} x y^{n-1} + \cdots + \begin{bmatrix} n \\ k \end{bmatrix} x^k y^{n-k} + \cdots \begin{bmatrix} n \\ n \end{bmatrix} x^n y^0 \tag{6-2}$$

令 $x = y = 1$，即有：

$$\begin{bmatrix} n \\ 0 \end{bmatrix} + \begin{bmatrix} n \\ 1 \end{bmatrix} + \begin{bmatrix} n \\ 2 \end{bmatrix} + \cdots + \begin{bmatrix} n \\ n \end{bmatrix} = 2^n \tag{6-3}$$

因此，对于 $N = \{1,2,\cdots,n\}$ 来说，能够组成的所有子联盟（包括大联盟本身及空联盟和各种“真正的”子联盟）个数有 2^n 个。

由于这个原因，在合作博弈的著作中，常常把一切可能子联盟的集合成记为 2^N（注意这只是一个集合符号，用它来表示其中包含有 2^n 个元素的集合）。这样，任意一个子联盟都可表示为 $S \in 2^N$。并且用 $|S|$ 表示联盟 S 中所包含的成员的个数。

6.1.4　特征向量

特征向量用来准确的表示和区别 2^n 个可能的子联盟。

设指示 S 的 n 维特征向量记作 e^s，它的第 i 个元素为：

$$(e^S)_i = \begin{cases} 1 & 当 i \in S \\ 0 & 当 i \in N \setminus S \end{cases} \tag{6-4}$$

式（6－4）中，$N \setminus S$ 表示 N 中去掉子集 S 后得到的余集。

显然，大联盟的特征向量为 $e^N = (1,1,\cdots,1)$，子联盟的特征向量是部分 0 和 1 组成的向量。

☞ 大学生合伙创业

某高校大四学生小王、小周、小刘、小李、小陈和小赵等 6 人在毕业后

准备合伙创业，

大联盟为 $N = \{王，周，刘，李，陈，赵\}$。

现在考虑其中的小联盟：

如果设 $S = \{王，李\}$ 表示小王和小李单独合伙创业，$T = \{刘，陈，赵\}$ 表示小刘、小陈和小赵合伙创业。

用特征向量表示分别为 $e^N = (1,1,1,1,1,1)$，$e^S = (1,0,0,1,0,0)$，$e^T = (0,0,1,0,1,1)$。

6.1.5 特征函数

在研究联盟的稳定性时，联盟中的任何子联盟（参与人集合的子集）所可能产出的收益是一个重要概念，这是因为子联盟的收益如果大于其在联盟中的分配额，该子联盟就不会稳定地留在联盟中。表示子联盟的收益的函数，称为特征函数。

对于 $S \in 2^N$，用集值函数 $v(S)$ 表示联盟 S 中的所有成员一起所能够得到的收益。与一般的代数型函数相区别的是，集值函数的自变量 S 是“集合”而不是一般函数中的数值变量，而因变量 $v(S)$ 则是一个实数。

反映联盟收益的集值函数 $v(S)$ 称为特征函数，它表示 S 作为一个联盟所能得到的可转移效用或收益。这里可转移效用隐含的假设是存在一个在参与者之间可以自由流动的交换媒介（如货币），每个参与者的效用与它线性相关，或者可以用该媒介表示，否则子联盟之间的收益无法比较。

需要强调的是，$v(S)$ 是联盟 S 能够获得的收益的“底线”，也就是说 $v(S)$ 是考虑联盟 S 和 $N \setminus S$ 两组博弈中 S 的最大效用，即 $N \setminus S$ 中的任何联盟都无法使 S 的收益少于 $v(S)$。

S 是一个参与人的集合，因此，当用穷举的方法列出 S 中的所有元素时，正规的集合符号为 $S = \{1,2,\cdots,k\}$，这样，用穷举的方法表示的特征函数应当表示为 $v(\{1,2,\cdots,k\})$，但这样显得很繁琐，因此本书用 $v(1,2,\cdots,k)$ 表示 $v(\{1,2,\cdots,k\})$。比如用 $v(i)$ 表示 $v(\{i\})$。

☞ 跑道博弈（Airport Game）

n 个航空公司 $N = \{1,2,\cdots,n\}$ 各自拥有的飞机大小不同，且每个航空公司只拥有同样大小的飞机。大飞机的需要的跑道要比小飞机的跑道长，能起降大飞机的跑道必然能够起降小飞机。

设第 i 种大小的飞机需要的跑道的建设成本为 $c_i(i = 1,2,\cdots,n)$，不妨设飞机的大小排序为 $1 \leq 2 \leq \cdots \leq n$，这样，各种大小的飞机单独建造跑道的成本排序为 $c_1 \leq c_2 \leq \cdots \leq c_n$。这样，对于某些航空公司组成的联盟 $S \in 2^N$，需要花费的成本只是 S 中最大飞机的跑道的建设成本。因此，联盟 S 中所有航空公司所共同承担的成本为：

$$v(S) = \max\{c_p, c_q, \cdots, c_w\} \qquad (p,q,\cdots,w) \in S \qquad (6-5)$$

读者需要注意的是，此例中 $v(S)$ 是成本支出而不是收益。

☞ 手套博弈（Glove Game）

人群 $N = \{1,2,\cdots,n\}$ 中，存在一个产生两个子集 L 和 R 的划分（“划分”产生的子集 L 与 R 满足条件 $L \cap R = \varnothing, L \cup R = N$）。L 中每人只拥有一只左手套，R 中每人只拥有一只右手套。单只手套的价值为 0，一付左右匹配的手套价值为 100 元。

在这种情况下，对于任何子联盟 S，能配成一付的手套越多，该联盟的收益越大。

这样，对于任一个 $S \in 2^N$，S 中可能包含子集 L 的成员和子集 R 的成员，因此能成对的手套数是子集 $|S \cap L|$（S 中持左手套的人数）与子集 $|S \cap R|$（S 中持右手套的人数）中的最小数。

因此，手套博弈的特征函数：

$$v(S) = 100 \times \min\{|S \cap L|, |S \cap R|\}, \forall S \in 2^N \qquad (6-6)$$

比如，S 中共 20 人，其中有左手套的人为 12 人，有右手套的人 8 人，则 $v(S) = 100 \times \min\{12,8\} = 100 \times 8 = 800$ 元。

6.1.6　联盟博弈的定义

联盟博弈可以通过局中人集合 N 和特征函数 v 来定义。

定义 6.1　联盟博弈是一个二元组 $\langle N,v \rangle$，其中 N 为参与人集合，v 为特征函数，且 $v:2^N \to R$，即 v 为从集合 2^N 到实数集合 R 的一个映射。

通常，以 G^N 来表示以 N 为参与人集合的联盟博弈，对于在只确定参与人集合的情况下，特征函数可以有许多种，因此常用 $v \in G^N$ 来表示 N 为参与人集合时的某个特征函数。

联盟博弈的多种可能

设N＝｛张、王、李｝，表示张、王、李三人合伙做项目，收益用元为单位，设其中任何人单干的收益都是0元。

特征函数v为：

v（张，王，李）＝120

v（张，王）＝10

v（张，李）＝30

v（王，李）＝40

问题：请将上述博弈用二元组来表示，并说明该联盟博弈的数量是多少个？

分析：二元组表示为<N，v>。实际上，该问题的合作博弈可能存在无数种情况，因为每个联盟的收益都可能变化，导致特征函数 $v:2^N \to R$ 不同。例如，除了上述的情况，还可能存在特征函数 v_2，使得：

v_2（张，王，李）＝80

v_2（张，王）＝6

v_2（张，李）＝20

v_2（王，李）＝10

所以，二元组<N，v_2>是另外一个联盟博弈的表示。

6.2　配置与核

对于可转移效用的联盟博弈来说，求“博弈的解”，就是需要找出大家都能接受的在参与者之间分配集体收益（或者分担成本）的方案。只有在能够找到并且实行这样的分配方案的情况下，“联盟”才能维持而不至于解体。

十分明显，对于联盟博弈来说，“博弈的解”即集体收益的分配方案（或者集体成木的分担方案）必须使每个参与者都满意，同时还必须使每个子联盟都满意。这是因为，如果某个子联盟（包括最小的子联盟—单个人组成的联盟）对分配不满，他们就会脱离联盟，使合作解体。

☞ 联盟博弈的解

五个人（分别记为1、2、3、4、5）情况不同，有的有资金，有的有技术，有的有厂房，有的有人脉关系，这五人决定合伙建立企业。企业的可行性报告认为，企业建成后年利润为100万美元。为了使五人能够达成合作，需要对年利润100万美元确定合理的分配方案。五个人的各种可能的合作与相应的利润关系表如表6.1所示。

表6.1　五人合作的特征函数

S	V（S）	S	V（S）	S	V（S）	S	V（S）
{1}	0	{1,5}	20	{1,2,4}	35	{3,4,5}	70
{2}	0	{2,3}	15	{1,2,5}	40	{1,2,3,4}	60
{3}	0	{2,4}	25	{1,3,4}	40	{1,2,3,5}	65
{4}	5	{2,5}	30	{1,3,5}	45	{1,2,4,5}	75
{5}	10	{3,4}	30	{1,4,5}	55	{1,3,4,5}	80
{1,2}	0	{3,5}	35	{2,3,4}	50	{2,3,4,5}	90
{1,3}	5	{4,5}	45	{2,3,5}	55	{1,2,3,4,5}	100
{1,4}	15	{1,2,3}	25	{2,4,5}	65	∅	0

首先，有人提出应当平均分配利润（即每人20万美元）。

但参与人4和5发现，如果他们两个人单独合作，可得年收益45万美元，大于参与人4和5在五人合作中的收益40万美元。因此，针对平均分配方案，4与5提出不参加五人合作而由两人另行合作。

剩下的1、2、3发现，如果仅他们三人合作，年收益仅25万美元。因此，1、2、3决定设法留住4和5。因此，他们决定分给4和5两人46万美元

(大于4、5合作创造的45万美元)，然后把剩下的54万美元在1、2、3三人中平分。

但是，又出现了新的问题：参与人3、4、5发现，他们三人如果脱离大联盟独立合作，年收益为70万美元，大于五人合作时3、4、5得到的64万美元（46+18）。

如果出现这种情况，只剩下1和2合作，由于缺少资金与技术，所以这两人合作的收益为0。所以，1和2只好答应分给3、4、5三个71万美元，剩下的29万美元由1和2平分。

但是，又出现了新的问题：参与人2、3、4、5发现，如果他们四人脱离大联盟独立合作，年收益可以达到90万美元，大于五人合作时2、3、4、5得到的85.5万美元（71+14.5）。

如果出现这种情况，只剩下1一个人，其单独收益为0，所以1只有答应分给2、3、4、5多于90万美元的收益，也就是1只能拿到低于10万元的收益。

其实，由于分配方案的多样性，本题目有无数种可分配的方法，主要满足上述条件即可，这也间接说明了联盟博弈的解存在无数种可能的情况。

可见，对于可转移效用的合作博弈来说，寻求“博弈的解”，就是寻找使所有子联盟都满意的分配方案，这个分配方案可以表示为全部所合作参与者的收益构成的收益向量 $x = (x_i)_{i \in N} \in R^n$，其中 x_i 是分配给参与者 i 的合作收益。

下面，我们探讨能够使所有的子联盟都满意的分配方案必须具备的条件。

6.2.1 集体理性——分配方案的可行性与参与人的满意度

首先，从分配方案的可行性角度来考虑，只有满足 $\sum_{i \in N} x_i \leq v(N)$ 的收益向量才是可行的。也就是说，对参与人分配了收益之后，不能使联盟出现“亏空”。

另一方面，从参与人满意度的角度来考虑，显然参与人分配到的收益越多，参与人越满意。同时考虑这两个条件，分配方案应当满足如下等式：

$$\sum_{i \in N} x_i = v(N) \tag{6-7}$$

分配方案必须满足的这个条件被称为集体理性。

6.2.2　个体理性——个体参加联盟的条件

对于某个个体来说，他可以选择参加联盟，也可以选择单干。而究竟是参加联盟来是单干，取决于这两种选择的收益大小。设对于 $i \in N$ 这个个体来说，他单干的收益为 $v(i)$ ，参加联盟得到的收益（在该联盟采取某个分配方案的情况下）为 x_i 。显然，如果 $x_i < v(i)$ ，则 i 不会参加联盟而选择单干。只有当 $x_i \geq v(i)$ 时，个体才会造反参加联盟。这就是说，对于参与人集合 N 来说，分配方案只有使 N 中的所有人在联盟中的收益都满足 $x_i \geq v(i)$ ，这个 N 人联盟才能维持。分配方案的这个必须满足的性质被称为“个体理性”。

6.2.3　配置集

定义 6.2　如果分配方案（收益向量）$x \in R^n$ 同时满足集体理性与个体理性，即 $\sum_{i \in N} x_i = v(N)$ 并且 $x_i \geq v(i)$ 对所有的 $i \in N$ 成立，那么 x 是博弈 $v \in G^N$ 的一个配置（Imputation）。

定义 6.3　博弈 $v \in G^N$ 的所有配置组成的集合即配置集记为 $I(v)$ 。

显然，如果配置集 $I(v)$ 非空，则就有可能从 $I(v)$ 中选择一个分配方案来维持联盟 N 。

但问题是，$I(v)$ 在什么情况下为空？对此，有著作证明，$v(N) < \sum_{i \in N} v(i)$ 是 $I(v)$ 为空集的充分必要条件。

其实，$v(N) < \sum_{i \in N} v(i)$ 意味着联盟的收益小于所有的参与者的“单干收益”的算术和，这意味着这个所谓的“联盟”没有超可加性，不如各个体单干效益更高。比如，一些内部矛盾重重、相互掣肘的“内耗型联盟”就是如此。

反之，如果 $v(N) > \sum_{i \in N} v(i)$ ，说明这样的联盟具有收益的“超可加性”，即联盟的收益超过各个个体单干的收益之和，这样的联盟是有规模效益的。

当然，现实中还存在满足条件 $v(N)=\sum_{i\in N}v(i)$ 这样的联盟。在这种联盟中，联盟产生的效益恰好等于各参与者单干的收益之和。这种联盟称为“平凡联盟”，因为对于任何个体来说，加入联盟与否对收益没有影响，因此无所谓。

对于平凡联盟，可以验证，$x=(v(1),v(2),\cdots,v(n))$ 是唯一的配置。

6.2.4 小联盟理性

配置集记为 $I(v)$ ，是同时满足个体理性和集体理性的分配方案的集合。

现在，一个新的问题是，配置集中和所有方案，是否都能维持联盟从而使之不至于解体?

考虑一下配置必须满足个体理性这个要求，这其实是防止个体选择单干的基本条件。

但是，如果 N 中有 k 个参与人（$1<k<n$）组成的小联盟 S ，该小联盟 S 在脱离大联盟的情况下的收益 $v(S)$ ，超过他们从大联盟的配置 x 中得到的收益的和，即 $v(S)>\sum_{i\in S}x_i$ ，那么这个子联盟 S 将脱离大联盟。这样，大联盟 N 就会由于这 k 个参与人所离去而解体。

反之，子联盟 S 在脱离大联盟的情况下的收益 $v(S)$ ，小于他们从大联盟的配置 x 中得到的收益的和，即 $v(S)\leq\sum_{i\in S}x_i$ ，在这样的情况下，小联盟 S 中的个体将不会脱离大联盟。

定义 6.4　对于参与人集合 N ，对于 N 的任一个划分 $(S_1,\cdots,S_k)$ ，对于各个划分后的每一个子集 $Sj\in 1,\cdots,k$ ，皆存在 $v(S_j)\leq\sum_{i\in S_j}x_i$ ，则这样的分配方案为小联盟理性的。

由于一个参与人本身也是一个子集 S_j ，因此，小联盟理性其实包括了个体理性。也就是说，如果某个分配方案满足小联盟理性，那么它必然会满足个体理性。

6.2.5　核

根据上述分析，可以看出，并不是配置集 $I(v)$ 中所有的分配方案都能保证联盟的稳定。在配置集 $I(v)$ 中，只有那些具备小联盟理性的分配方案才是使所有参与人都愿意参加大联盟的。这类方案所全体是配置集 $I(v)$ 的一个子集，称之为核（core），用 $C(v)$ 表示。

定义 6.5　合作博弈的核 $C(v)$ 为：

$$C(v) = \left\{x \middle| x \in I(v), \sum_{i \in S} x_i \geq v(S), \forall S \in 2^N \setminus \{\varnothing\}\right\} \qquad (6-7)$$

式（6－7）的定义是以联盟对收益的分配为基础的。如果是在联盟中进行成本分担，即寻找合理的成本分担方案，则核的定义为（6－8）：

$$C(v) = \left\{x \middle| x \in I(v), \sum_{i \in S} x_i \leq v(S), \forall S \in 2^N \setminus \{\varnothing\}\right\} \qquad (6-8)$$

式（6－8）中，$v(S)$ 为子联盟 $v(S)$ 在脱离大联盟时单独承担的成本。

根据配置集的定义与核的定义，可以清楚地看出配置集 $I(v)$ 与核 $C(v)$ 的区别与联系：配置集 $I(v)$ 是同时具有个体理性与集体理性的分配方案的集合，而核 $C(v)$ 的条件则更为严格，它是同时具有个体理性、集体理性、小联盟理性的分配方案的集合。因此，$C(v) \subseteq I(v)$ 。

☞ 设施选址的联盟博弈

有三个居民区，分别位于图 6－1 的 a、b、c 三处位置，政府部门拟建立 2 个公共服务设施，为三个居民区提供服务。$f_1 = f_2 = 2$ 表示建造这两个公共服务设施的建造成本，图中连线上的数字表示每个居民区到对应的公共服务设施的距离成本。

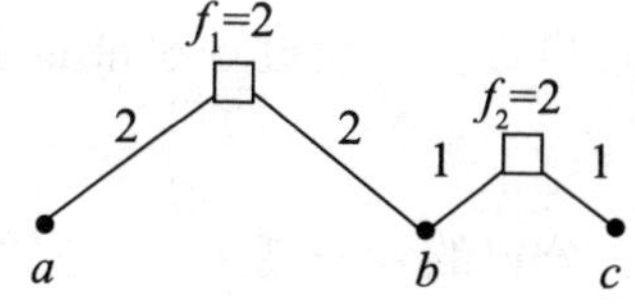

－1　公共服务设施的选址博弈

请问，三个居民区该如何分担建造公共服务设施的成本？

分析：这是一个成本分担的联盟博弈问题，若要使得联盟稳定，必须要求每个成员在联盟中分担的成本要小于分裂之后承担的成本。在本例中，设成本为C（S），S为各个可能的子联盟，则有以下特征函数：

$$c(\{a\}) = 4, c(\{b\}) = 3, c(\{c\}) = 3. \tag{6-9}$$

$$c(\{a,b\}) = 6, c(\{b,c\}) = 4, c(\{a,c\}) = 7, c(\{a,b,c\}) = 8. \tag{6-10}$$

我们可以验证（4，2，2）是一个核，即要求居民区a承担4个单位，b和c分别承担2个单位的成本。

同理，（4，1，3）也是一个核。

6.2.6　核作为联盟博弈的解时存在的问题

从维持联盟的稳定性的角度来考虑，核中的分配方案无疑是一个不错的选择。但是，在实践中，核也存在一些不足。这些不足表现为三个方面：分配方案不唯一（有时核中有无穷多分配方案）、分配方案极端（在一些情况下，极度偏向优势方）、不存在符合核条件的分配方案（有时核为空集）。

6.2.6.1　分配方案不唯一

在许多情况下，核中包括的分配方案有许多，甚至是无穷多。在这样的情况下，究竟选择什么分配方案作为博弈的解，就会成为一个让人为难的事。

☞ 保险公司的联盟博弈

设有三个保险公司，保险公司i拥有的投保客户数量为n_i（$i = 1,2,3$）。每个公司的客户都会有一定的理赔概率，因此保险公司必须存有一定数量的理赔准备金。假设客户上交的保险费全部被公司用作理赔准备金。如果某个公司的客户中出现的理赔客户过多，超过理赔准备金的数量，该保险公司就会破产。

在一定的破产概率下，公司的客户越多，需要的平均每客户理赔准备金越少，这是因为根据概率原理，人数越多，出现同时理赔的概率越小。

其中，$n_1 = 100$，如果有客户发生损失，则他的损失额为1（假设为完全保险，保险公司补偿客户的全额损失，即损失额等于理赔额），发生损失的概

率为 $q_1=0.1$。根据国家规定，保险公司的理赔准备金应当使本公司的破产概率小于0.001（千分之一）。

假设客户的损失事件是独立的，由于 n_1 较大，该二项分布概率可以用大样本的正态逼近法，公司1所需要理赔准备金的数量为：

$$p_1 = n_1 q_1 + 3\sqrt{n_1 q_1 (1 - q_1)} = 10 + 9 = 19 \tag{6-11}$$

这样，由于公司需要准备的理赔准备金为19，现共有100个客户，由于 $100\times0.19=19$，所以每个客户需要交0.19。

对于保险公司2来说，$n_2=100$，如果有客户发生损失，则他的损失额为1，发生损失的概率为 $q_2=0.2$。同样，保险公司的理赔准备金应当本公司的破产概率小于0.001（千分之一）。公司2所需要理赔准备金的数量为：

$$p_2 = n_2 q_2 + 3\sqrt{n_2 q_2 (1 - q_2)} = 20 + 12 = 32 \tag{6-12}$$

这样，由于公司需要准备的理赔准备金为32，现共有100个客户，由于 $100\times0.32=32$，所以每个客户需要交0.32。

如果保险公司1与保险公司2合并成保险公司12，情况如何呢？

假设公司12的破产概率仍然小于0.001，需要的理赔准备金为：

$$p_{12} = n_1 q_1 + n_2 q_2 + 3\sqrt{n_1 q_1 (1 - q_1) + n_2 q_2 (1 - q_2)} = 10 + 20 + 15 = 45 \tag{6-13}$$

由于 $p_{12}=45<p_1+p_2=51$。两个公司合并的结果使理赔准备金减少了6。如果考虑特征函数（该特征函数表示的是成本），就是：

$$v(1) = 19, v(2) = 32, v(1,2) = 45 \tag{6-14}$$

设保险公司3的客户数量为 $n_3=120$ 人，客户理赔概率 $q_3=0.3$，理赔额为1。公司3的破产概率小于0.001，所需要的理赔准备金为：

$$p_3 = n_3 q_3 + 3\sqrt{n_3 q_3 (1 - q_3)} = 36 + 15 = 51 \tag{6-15}$$

现在，三个保险公司合并成一个大的保险公司123，在公司123的破产概率小于0.001的条件下，需要的理赔准备金为

$$\begin{aligned} p_{123} &= n_1 q_1 + n_2 q_2 + n_3 q_3 + 3\sqrt{n_1 q_1 (1 - q_1) + n_2 q_2 (1 - q_2) + n_3 q_3 (1 - q_3)} \\ &= 10 + 20 + 36 + 21 = 87 \end{aligned} \tag{6-16}$$

$$p_{123} = 87 < p_1 + p_2 + p_3 = 102 \tag{6-17}$$

可见，客户越多，需要的单位客户理赔准备金越少。

设三个保险公司的费用的分担向量为（x_1, x_2, x_3）。下面来研究一下这个合作博弈的解。

首先，该合作博弈的配置集 $I(v)$ 中的任何分配方案，都必须满足如下条件：$x_1 + x_2 + x_3 = 87$，$x_1 \le 19, x_2 \le 32, x_3 \le 51$。

但是，并不是 $I(v)$ 中的任何方案都能维持公司 123 不解体。比如 $I(v)$ 中的方案（17,30,40），显然这个方案属于 $I(v)$。但公司 1 和公司 2 发现如果他们自己结成联盟公司 12，则理赔准备金只需要资金 45，少于该方案的 17 + 30 = 47。因此，这两个公司完全可以自己结成公司 12，然后对公司 12 需要的理赔准备金 45，采用分配方案（16,29），显然比在大联盟中得到的（17,30）更好。

在这样的情况下，公司 3 如果想让公司 1 和公司 2 一起合作，就必须让步，使得公司 2 与公司 2 承担的理赔准备金不多于 45。这样公司 3 承担的理赔准备金必须大于 42（$x_3 \ge 87 - 45 = 42$）。

同样，也必须考虑公司 1 与公司 3、公司 2 与公司 3 之间单独结盟的收益，有：

$$p_{13} = n_1q_1 + n_3q_3 + 3\sqrt{n_1q_1(1 - q_1) + n_3q_3(1 - q_3)} = 10 + 36 + 17.54 = 63.54 \quad (6-18)$$

$$p_{23} = n_2q_2 + n_3q_3 + 3\sqrt{n_2q_2(1 - q_2) + n_3q_3(1 - q_3)} = 20 + 36 + 19.3 = 75.3 \quad (6-19)$$

这样，要使分配方案（x_1, x_2, x_3）具有小联盟理性，使任何公司即使结成小联盟也不会获得比在大联盟中得到的收益更多，即该博弈的核 $C(v)$ 中的分配方案，必须满足如下条件：

$$x_1 + x_2 + x_3 = 87 \quad (6-20)$$

$$x_1 \le 19, x_2 \le 32, x_3 \le 51 \quad (6-21)$$

$$x_1 + x_2 \le 45, x_1 + x_3 \le 63.54, x_2 + x_3 \le 75.3 \quad (6-22)$$

整理，得：

$$x_1 + x_2 + x_3 = 87 \quad (6-23)$$

$$11.7 \le x_1 \le 19, 23.46 \le x_2 \le 32, 42 \le x_3 \le 51 \quad (6-24)$$

读者不难发现，该博弈的核中的分配方案是无穷多的。核中分配方案的不唯一性，为联盟中各方对利益的争夺留下了余地，也为联盟的解体埋下了隐患。

6.2.6.2　分配方案极端

分配方案极端，是指有时核中的分配方案极度地偏向优势方，显得十分荒唐，造成实际上的不可行。

☞ 不同地位的三人手套博弈

设 $N = \{1,2,3\}$，其中1拥有一只左手套，2与3各自有一只右手套。每一双配对手套价值为100元。任何单只手套的价值都为0. 在这三个参与人中，1的地位重要，因为如果没有1的合作，任何联盟都没有收益。

让人惊讶的是，(100,0,0)是这个博弈的“核”中的唯一分配方案，即1获得全部收益，2与3的收益为0。

这是因为，只要2或3的收益大于0，就不是一个稳定的分配方案。

比如，设分配方案为 $(100-\Delta, \Delta, 0)$，其中 $\Delta > 0$。显然，参与人3对这种方案不会满意，因为他的收益是0. 这时，3可以提出新的分配方案 $(100-\Delta/2, 0, \Delta/2)$，显然，在新的分配方案中1与3都增加了收益，因此1也愿意接受新方案。而2由于收益变成了0从而对新方案不满意，又可提出 $(100-\Delta/4, \Delta/4, 0)$。2与3如此交替下去，最后的极限是方案(100,0,0)，这时1很满意，而2与3也提不出任何可以使1接受的提高自己收益的新方案了。

需要注意的是，核中的分配方案极端，并不等于在现实中一定不会存在。在许多情况下，核中的分配方案都是有一定基础的。

☞ 现实版的手套博弈——中国高铁在海外的自相压价

中国从事高铁装备制造的企业只有两家，即中国南车与中国北车，两家企业竞争“惨烈”。

2012年，阿根廷政府拟购买城轨车辆。中国北车参与竞标，该企业的首轮报价239万美元/辆，与国外对手相比也显得价格较高，但有质量底气，因此很有自信。

让北车惊讶的是，此前从未碰过阿根廷市场的中国南车突然“杀”出来，而且在竞标的第一包竟然报出 127 万美元/辆的低价，比北车降幅近 50%，使阿根廷招标方非常震惊，随即得意地提出，每个参加竞标的企业，在第二包报价时不得超过 127 万美元/辆。

在如此情况下，北车在第二包只好报出了 126 万美元/辆的低价，没想到南车的报价更低，只有 121 万美元/辆。结果，南车终于如愿以偿，拿到了这次竞标的两个包。

与中国的情况相反，在国外的很多轨道车辆制造强国，通常一个国家都只有一家轨道交通制造企业，比如德国的西门子，法国的阿尔斯通。

6.2.6.3 不存在符合核条件的分配方案

对于一些性质比较特殊的合作博弈来说，“核”有可能是空的。也就是说，符合核的条件的配置方案可能一个都没有。

☞ 公共服务设施增加后的联盟博弈

接续例题 6.6，政府部门考虑到有 a、b、c 三个居民点，所以打算在原有两个公共服务设施的基础上增加一个新的服务中心，其建设成本为 $f_3=3$，新的服务中心距离 a、c 居民点的距离分别是 1 个单位，如图 6－2 所示。

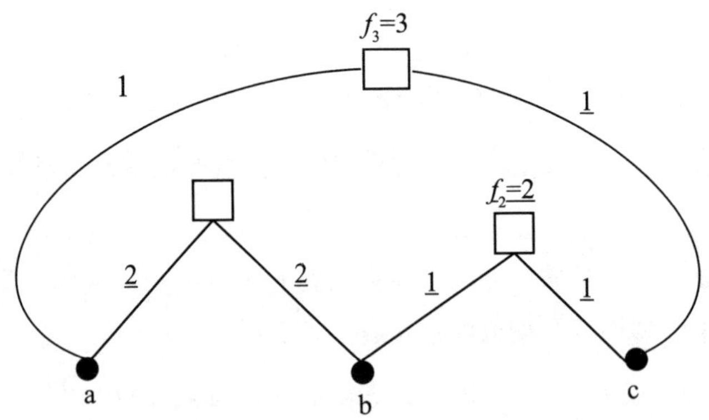

图 6－2 增加一个新的公共服务中心后的联盟博弈

请问，此时该如何分配成本？

分析，与例题6.6相比，只有 $c(\{a,c\}) = 5$ 发生变化。设 x_a、x_b、x_c 分别表示居民区承担的成本，根据核的定义，有以下条件必须成立：

$$x_a + x_b \le c(\{a,b\}) = 6 \tag{6-25}$$

$$x_b + x_c \le c(\{b,c\}) = 4 \tag{6-26}$$

$$x_a + x_c \le c(\{a,c\}) = 5 \tag{6-27}$$

但是，从以上三式又可以得到：

$$x_a + x_b + x_c \le \frac{6+4+5}{2} = 7.5 < c(\{a,b,c\}) \tag{6-28}$$

所以不符合集体理性的要求，因为三个居民区承担的总成本之和小于8，本例中的核不存在。

6.3　Shapley 值

由于核中包括的分配方案有许多，因此核作为联盟博弈的解常常是一个区间。在这样的情况下，核给出的解（即应当采用的分配方案）不唯一。与之相比，Shapley 值却能够对联盟博弈给出唯一解，因此在管理实践得到广泛的应用。Shapley 值的基本思想，是以各个参与人对联盟的平均边际贡献作为依据对各参与人进行分配。

参与人在加入联盟的时候，参与人对联盟的边际贡献的大小，往往与他进入联盟的顺序有关，也就是与参与人进入联盟的顺序形成的排列有关。以两人联盟博弈 $G^{\{1,2\}}$ 为例，为了使两个人具有结成联盟的积极性，假设 $v(1) + v(2) < v(1,2)$。即联盟具有超可加性。

首先，先看排列 $\sigma_1 = (1,2)$，即1先进入联盟，2后进入联盟。这时，1先进入联盟，由于这时联盟中没有其他参与人，因此，1对联盟的边际贡献与他单干时的收益相等，即 $v(1) - v(0)$。而2在1的后面进入联盟，联盟中已经存在1这个参与人，那么2对联盟的边际贡献为 $v(1,2) - v(1)$。这样，在排列 $\sigma_1 = (1,2)$ 下，1与2形成的对联盟的边际贡献向量 $m^{\sigma_1}(v)$ 为：

$$m^{\sigma_1}(v) = \{[v(1) - v(0)],[v(1,2) - v(1)]\} \tag{6-29}$$

按照假设这个联盟具有超可加性，即 $v(1) + v(2) < v(1,2)$，因此

$v(1,2)-v(1)>v(2)$。这就是说，由于参与人 2 后进入联盟的，他对联盟的边际贡献大于自己单干时的收益。

这里，边际贡献向量之所以重要，是因为在分配方案谈判中，各个参与人对联盟的边际贡献是他们在分配方案中索取自己利益的重要根据。

其次，在排列 $\sigma_2=(2,1)$ 下，1 与 2 形成的对联盟的边际贡献向量 $m^{\sigma_2}(v)$ 为：

$$m^{\sigma_2}(v)=\{[v(2,1)-v(2)],[v(2)-v(0)]\} \tag{6-30}$$

同样道理，由于 $v(1)+v(2)<v(2,1)$，因此 $v(2,1)-v(2)>v(1)$。这就是说，这时后进入联盟的参与人 1 对联盟的边际贡献大于他自己单干时的收益。

这样一来，因在联盟博弈 $G^{\{1,2\}}$ 中，如果按照参与人对联盟的边际贡献进行分配，则越是后进入联盟的参与人，在分配方案中越有利。这就出现一个问题，如果让参与人自己选择进入联盟的时机，就会争相选择最后进入联盟。

解决这个问题的思路是，让每个参与人在各种顺序下都进入联盟一次，然后把这些各种可能顺序下的边际贡献向量相加后取平均值，以这种平均值作为对各个参与人分配的根据。这就是 Shapley 值的基本思想。

按照这个思想，对于 $G^{\{1,2\}}$，两个参与人各自的平均边际贡献向量所成的分配方案为：

$$(x_1,x_2)=\begin{pmatrix}\dfrac{[v(1)-v(0)]+[v(2,1)-v(2)]}{2!}, \\ \dfrac{[v(2)-v(0)]+[v(1,2)-v(1)]}{2!}\end{pmatrix} \tag{6-31}$$

同样地，对于三个参与人的联盟博弈 $G^{\{1,2,3\}}$，则有：

$$(x_1,x_2,x_3)=\left(\begin{array}{l}\dfrac{\{[v(1)(\text{当排列为}1,2,3)-v(0)]+[v(1)(\text{当排列为}1,3,2)-v(0)]\}}{3!} \\ \dfrac{+\{[v(2,1)-v(2)]+[v(3,1)-v(3)]\}+\{[v(2,3,1)-v(2,3)]\}}{3!} \\ \dfrac{+[v(3,2,1)-v(3,2)]\}}{3!},\end{array}\right\}$$

$$(x_1,x_2)=\begin{pmatrix}\dfrac{\{[v(2)(\text{当排列为}2,1,3)-v(0)]+[v(2)(\text{当排列为}2,3,1)-v(0)]\}+}{3!}\\ \dfrac{\{[v(1,2)-v(1)]+[v(3,2)-v(3)]\}+\{[v(1,3,2)-v(1,3)]\}}{3!}\\ \dfrac{+[v(3,1,2)-v(3,1)]\}}{3!},\\ \dfrac{\{[v(3)(\text{当排列为}3,1,2)-v(0)]+[v(3)(\text{当排列为}3,2,1)-v(0)]\}}{3!}\\ \dfrac{+\{[v(1,3)-v(1)]+[v(2,3)-v(2)]\}+\{[v(1,2,3)-v(1,2)])}{3!}\\ \dfrac{+[v(2,1,3)-v(2,1)]\}}{3!}\end{pmatrix} \quad (6-32)$$

类似地，可以对 n 人联盟以平均边际贡献向量进行分配。

定义 6.6　博弈 G^N 的 Shapley 值 $\varphi(v)$ 为：

$$\varphi(v)=\frac{1}{n!}\sum_{\sigma_j\in\pi(N)}m^{\sigma_j}(v) \quad (6-33)$$

式中，$\pi(N)$ 为参与人集合 N 中的各参与人所能够生成的各种排列的集合。σ_j 为 $\pi(N)$ 中的一个排列。$m^{\sigma_j}(v)$ 是在排列 σ_j 下，n 个参与人的边际贡献所形成的边际贡献向量。

由公式（6.8）可以看出，博弈 G^N 的 Shapley 值 $\varphi(v)$ 是各参与人的边际贡献向量的算术平均值构成的向量。与核概念不同的是，Shapley 值 $\varphi(v)$ 只是一个对 n 个参与人的分配方案，而不是由许多分配方案组成的集合。

Shapley 值 $\varphi(v)$ 是一个向量，它的第 i 个分量 $\varphi_i(v)$ 就是 N 中参与人 i 在各种可能的排列中的边际贡献的平均值。即：

$$\varphi_i(v)=\frac{1}{n!}\sum_{\sigma_j\in\pi(N)}m_i^{\sigma_j}(v) \quad (6-34)$$

式（6-34）中，$m_i^{\sigma_j}(v)$ 为参与人 i 在 n 个参与人的排列 σ_j 中的边际贡献。

例如，对于收益只有可加性（即既无超可加性，也无次可加性）的联盟，即对于联盟 $S,T\in 2^N$，如果 $S\cap T=\varnothing$，则 $v(S\cup T)=v(S)+v(T)$。这时有 $v(S\cup\{i\})=v(S)+v(i)$，即 $v(S\cup\{i\})-v(S)=v(i)$。这说明，无论参

与人在什么样的排列中，i 边际贡献总是等于他的单干收益 $v(i)$ 。因此，Shapley 值的第 i 个分量为（注意对于 n 个参与人的联盟，各种可能的排列的总数为 $n!$）：

$$\varphi_i(v) = \frac{1}{n!}\sum_{\sigma_j \in \pi(N)} m_i^{\sigma_j}(v) = \frac{n!v(i)}{n!} = v(i) \text{。}$$

这样，对于这类只有可加性的联盟，其 Shapley 值为 $(v(1),v(2),\cdots,v(n))$ 。

☞ Shapley 值的计算

针对例题 6.6 计算对应的 Shapley 值。

根据公式 6－33 得到表 6.2。

表 6.2　Shapley 的计算

排列顺序	成本分担
{a，b，c}	(4，2，2)
{a，c，b}	(4，1，3)
{b，a，c}	(3，3，2)
{b，c，a}	(4，3，1)
{c，a，b}	(4，1，3)
{c，b，a}	(4，1，3)

$$x_a = \frac{4+4+3+4+4+4}{6} = \frac{23}{6}$$

$$x_a = \frac{2+1+3+3+1+1}{6} = \frac{11}{6}$$

$$x_a = \frac{2+3+2+1+3+3}{6} = \frac{14}{6}$$

即按照 Shapley 值分担成本的话，居民点 a、b、c 的成本分别是 $\frac{23}{6}$、$\frac{11}{6}$、$\frac{14}{6}$。

习题：

6.1 拼车博弈。A、B、C 三人的家在同一条路上，其中 A 的家 30 公里远，B 的家 70 公里远，C 的家 90 公里远，出租车 90 公里共 900 元，问：A、B、C 分别应当承担多少钱？

6.2 对于 N = {张，王，李，赵，刘，周，曲} 来说，能够组成的所有子联盟个数有多少个？

6.3 设有大联盟 N = {张、王、李、赵、刘、沈、乔}，求上述联盟的如下子联盟的特征向量：

M = Φ

S = {张、周}

T = {李、赵、乔}

6.4 什么是特征向量，什么是特征函数，二者有什么区别？请举例说明。

6.5 什么是收益向量，什么是配置，什么是核，三者有什么区别，请举例说明。

6.6 对于特征函数 v2（其中任何人单干收益为 0）：

v_2（张，王，李） = 80

v_2（张，王） = 6

v_2（张，李） = 20

v_2（王，李） = 10

给出配置集。

6.7 对于满足条件 $v(N)=\sum_{i\in N} v(i)$ 这样的联盟，即联盟产生的效益恰好等于各参与者单干的收益之和。这种联盟称为“平凡联盟”。对于平凡联盟，请证明：$x=(v(1),v(2),\cdots,v(n))$ 是唯一的配置。

本章参考文献

[1] Telser L G. The usefulness of core theory in economics [J] . Journal of Economic Perspec-

tives, 1994, 8 (2): 151 - 164.

[2] Davis M, Maschler M. The kernel of a cooperative game [J]. Naval Research Logistics (NRL), 1965, 12 (3): 223 - 259.

[3] 董保民, 王运通, 郭桂霞. 合作博弈论 [M]. 北京: 中国市场出版社. 2008.

[4] Deng X, Papadimitriou C H. On the complexity of cooperative solution concepts [J]. Mathematics of Operations Research, 1994, 19 (2): 257 - 266.

[5] Lloyd S Shapley. Cores of convex games [J]. International Journal of Game Theory, 1971, 1 (1): 11 - 26.

[6] Lloyd S Shapley, M Shubik. Quasi - cores in a monetary economy with non - convex preferences [J]. The Econometric Society, 1966, 34 (4): 805 - 827.

第七章　联盟中的利益分配

导入案例：博弈中具有特殊作用的参与者

- 在合作博弈过程中，博弈者之间相互作用、相互反馈、相互影响。由于资源、特性、进入联盟的时间等不同，博弈者带给联盟的收益增加效应也不相同，有的博弈者仅仅起到线性增加收益的作用，有的博弈参与者对联盟收益的影响则可能是从无到有，从简单到复杂的变化。例如在互联网之前的语音通话只是一个线性网络，用户数量与节点的增加只是带给系统规模的线性增加，并没有带来其他的额外变化和溢出，但是互联网、电脑和手机的出现，使得博弈系统的局势发生本质变化，他们之间的相互地位也发生根本性颠倒，不仅使得固定电话产生萎缩，而且更产生了以三者为要素的虚拟社区，对应于现实电信企业的利益分配也就因此而不同。

7.1　系统效益的分配

在管理实践中，许多合作追求的是系统效益。所谓的系统效益，是指当系统中的要素的数量在达到某个临界点之前，系统的效益为0，但当要素数量达到某个临界点后，系统的效益突然形成。

设参与人集合为 $N = \{1,2,\cdots,n\}$，具有系统功能的联盟的特征函数的特点是：

$$v(1) = v(1,2) = \cdots = v(1,2,\cdots,n-1) = 0, v(1,2,\cdots,n) > 0 \tag{7-1}$$

比如参与人1拥有土地，参与人2拥有劳动力（包工头），参与人3拥有技术和设备。单独的土地、劳动力、技术设备都不能产生效益。但如果这三种要素结合起来，就会产生很好的收益。

对于具有系统效益的联盟，设 $N = \{1,2,\cdots,n\}$，则无论哪个参与人，都必须在第 n 个进入联盟时才会有边际贡献，并且当其在 n 个位置上时，任何排列下的边际贡献都相同，即都等于 $v(1,2,\cdots,n)$，其他位置上的边际贡献皆为0。因此，参与人 i 的Shapley值分量为：

$$\varphi_i(v) = \frac{1}{n!}\sum_{\sigma_j \in \pi(N)} m_i^{\sigma_j}(v) = \frac{(n-1)!}{n!}v(1,2,\cdots,n) = \frac{v(1,2,\cdots,n)}{n} \tag{7-2}$$

即对于具有系统收益的联盟，Shapley值所决定的分配方案，是由各个参与人等分联盟的收益。上式中，分子上出现 $(n-1)!$，是因为参与人 i 只有第 n 个进入联盟时，其边际贡献等于 $v(1,2,\cdots,n)$，这时先于他进入联盟的参与人共 $(n-1)$，这些人的排列数量为 $(n-1)!$。而其他情况下，参与人 i 的边际贡献皆为0.

7.2 地位不对称问题

7.2.1 地主与佃户的合作博弈

7.2.1.1 佃户不结成子联盟时的 Shapley 值

莫林（Moulin，1988）提出了一个地主与佃户的合作博弈问题。

设有 $n+1$ 个参与人。参与人 0 是拥有土地的地主（但地主不劳动）；参与人 1，2…，n 是 n 个拥有劳动力的佃户，每个佃户的劳动能力相同，并设 M 为 n 个佃户中 m 个佃户与地主 0 所形成的子集（可能包括地主 0 也可能不包括地主 0）。

这个合作联盟的特点是：

单纯的地主不能产生任何收益，即 $v(0)=0$

没有地主的佃户也不能产生任何收益，即 $v(M)=0$ ，当 $0 \notin M$ 时。

当地主与佃户一起组成联盟时，收益是佃户数量的增函数，即 $v(M)=f(m)$ ，当 $0 \in M$ 时。这时 $|M|=m+1$ 。

这个合作博弈的参与人集合是 $\{0,1,2,\cdots,n\}$ ，其中 0 为地主。当地主在排列中处于 $i+1$ 的位置时，他前面有 i 个佃户。这时他的边际贡献是 $f(i)$ 。因此，地主的夏普利值为：

$$\varphi_0(v)=\frac{1}{n+1}\sum_{i=1}^{n}f(i) \tag{7-3}$$

由于每个佃户的来说，由于劳动能力都相同，因此每个佃户的夏普利值都一样的，即对于任何一个佃户 j ，他的夏普利值为整个大联盟的收益减去地主的夏普利值后剩下的部分再按 n 个佃户平均后得到的平均值：

$$\varphi_j(v)=\frac{1}{n}\left[f(n)-\frac{1}{n+1}\sum_{i=1}^{n}f(i)\right] \tag{7-4}$$

对于这个例子，如果用博弈的核来解决分配方案，则可以发现核中的分配方案是非常多的。其中包括把所有的收益都给地主的方案 $(x_0=v(0,N),x_i=0,,n\geq i\geq 1)$ ，以及收益全部被佃户拿走的方案

$\left(x_0 = 0, x_i = \frac{v(0,N)}{n}, n \geq i \geq 1\right)$，以及这两个极端方案之间的各种“折中”方案（因为核是凸集）。

7.2.1.2　农民结成子联盟时的情况

对于这个问题，孙绍荣提出，为了防止地主利用自己是稀缺的地位争取更多的利益，这 n 个佃户可以结成一个子联盟，称为佃户 N。这样，$n+1$ 个参与人简化成成两个参与人：地主 0 和佃户 N。这样问题就演变成一个系统效益问题。因为，只有地主 0 或只有佃户 N（表示有 n 个佃户作为一个整体参加联盟或者不参加联盟），都不能生产粮食。即 $v(0) = 0$，$v(N) = 0$。

按照上面关于系统效益联盟的 Shapley 值解法，有：

$$\varphi_0(v) = \frac{v(0,N)}{2} = \frac{f(n)}{2} \tag{7-5}$$

即地主与 n 个佃户，双方各分得整体收益的二分之一。

然后，对于 n 个佃户的内部分配，在 n 个佃户劳动能力都相同的情况下，大家平分收益，即

$$\varphi_i(v) = \frac{f(n)}{2n}, i = 1,2,\cdots,n \tag{7-6}$$

比较公式（7-6）与（7-4），可以证明，当 $f(m)$ 为线性递增函数时，二者得到的数值是一样的，也就是说这时两种算法的得到的夏普利值相同，即佃户的收益是相同的。

但如果是考虑到谈判能力，那么公式（7-6）与（7-4）的情况不大不一样。不难看出，在莫林提出的地主与佃户的合作博弈问题中，显然地主在博弈中更占有优势。因为如果没有地主提供土地，佃户与佃户的合作收益为 0，但地主却可以选择与不同的佃户合作。在这种情况下，就会出现佃户之间的竞争，导致佃户竞相压低自己的分成的情况。这实际也是在旧中国，一些地主能够把地租提得很高，出现“剥削”情况的原因。

因此，如果按孙绍荣提出的改进方案，全部佃户能够结成一个子联盟，对维护佃户利益是有好处的。这时，地主只能与佃户整体来进行谈判，如果离开佃户的参与，他的收益就会变成 0。在这样的情况下，地主的谈判能力与佃户整体的谈判能力是相等的。由此，可以看出一些国家的“农会”或“工

会”的重要作用。

同样，人力资源市场中，由于按数量来看，用人单位数量总是少于求职者数量（企业算一个参与人，每个求职者也算一下参与人），因此用人单位在与每个求职者的博弈中总是占有优势。在这种情况下，如果国家不出面规定最低工资，用人单位就可以把工资压得很低。这就是许多国家政府都出面规定最低工资标准的原因。

7.2.2 不对称配对问题

7.2.2.1 劣势方不结成子联盟时的 Shapley 值

配对问题在管理实践中十分常见。一些博弈论著作中一般以左右手套配对或左右鞋配对作为例子，实际上技术与资金、土地与设备等的匹配是更有实际意义的配对问题。

所谓的不对称配对问题，实际上是匹配的双方数量不对等，造成一方优势另一方劣势。

仍然以手套配对问题为例。设 $N = \{1,2,3\}$，其中 1 拥有一只左手套，2 与 3 各自有一只右手套。每一双配对手套价值为 100 元。任何单只手套的价值都为 0.

前面在讨论核中的分配方案极端性时，曾给出该问题的唯一核中的分配方案为（100,0,0）。

现在看一下这问题的 Shapley 值。对于只有三个参与人的情况，总共只有六种可能的排列，因此，可以全部列出各种排列下，各个参与人的边际贡献形成的边际贡献向量也可以全部列出，如表 7.1 所示。

表 7.1 各个参与人的边际贡献向量

排列	边际贡献向量（括号中的数字为参与人号码）
123	0，100（2），0
132	0，100（3），0
213	0，100（1），0

续表

排列	边际贡献向量（括号中的数字为参与人号码）
231	0，0，100（1）
312	0，100（1），0
321	0，0，100（1）

在六个边际贡献向量中，参与人 1 有四次得 100，参与人 2 与参与人 3 各有 1 次得 100。因此，Shapley 向量为（400/6，100/6，100/6）。

对于 n 只左手套和（$n+1$）只右手套的配对问题，随着 n 的变大，二者在数量的差异变小，左手套的优势会越来越小。Aumann（1987）对 $n=1000000$ 时的手套博弈的 Shapley 值进行了计算，得出每位持左手套者获得的分配为 0.500433×100 元，每位持右手套者获得的分配为 0.499557×100 元。可以看出，在一百万只左手套与一百零一只右手套的情况下，左手套的优势已经基本消失。

7.2.2.2　劣势方结成子联盟时的 Shapley 值

现在重新考虑 $N=\{1,2,3\}$，1 拥有一只左手套，2 与 3 各自有一只右手套，每一双配对手套价值为 100 元这个问题。与前面不同的是，孙绍荣提出，处于劣势的 2 与 3 各为了争取利益，结成一个子联盟，约定以一个子联盟的身份与 1 配对，即 2 与 3 约定同时参加大联盟或者不参加大联盟。

在这种情况下，情况演变成了具有系统效益的联盟的 Shapley 值问题，因为只有 1 与子联盟 23 结合成大联盟的情况下，大联盟才能产生收益。

按照前面关于具有系统效益的联盟的 Shapley 值的解法，参与人 1 分得大联盟的收益的一半，而子联盟 23 分得收益的另一半，然后 2 与 3 平分这一半的收益。在这种情况下，Shapley 值为（50，25，25）。可见，在 2 与 3 结成子联盟的情况下，参与人 2 与 3 的收益得到了改善，因为在二者不结成联盟时，Shapley 值为（400/6，100/6，100/6）。

7.3　成本套问题

成本套问题是指各个参与人的单干成本或者单干收益相互能够排列成一

个递增序列，并且高成本（或收益）者的成本可以抵消低成本者成本的合作博弈。

例如，一条到城里的直线公路，离城里最远的村子的单独修路成本依次大于离城里次远的村子的单独修路成本、次远的村子的单独修路成本再大于离城里更近一些的村子的单独修路成本，…；家在同一条线路上的同事下班回家合伙乘出租车，离单位最远的同事单独乘出租车的成本高于离单位次远的同事单独乘出租车的成本…；等等。

下面以跑道博弈（Airport Game，Littlechild S. C，Owen G.，1973）为例为说明成本套问题的 Shapley 值解法。

设 n 个航空公司 $N=\{1,2,\cdots,n\}$ 各自拥有的飞机大小不同，且每个航空公司只拥有同样大小的飞机。大飞机的需要的跑道要比小飞机的跑道长，能起降大飞机的跑道必然能够起降小飞机。

设第 i 种大小的飞机需要的跑道的建设成本为 $c_i(i=1,2,\cdots,n)$，不妨设飞机的大小排序为 $1\leq 2\leq\cdots\leq n$，这样，各种大小的飞机单独建造跑道的成本排序为 $c_1\leq c_2\leq\cdots\leq c_n$。这样，对于某些航空公司组成的联盟 $S\in 2^N$，需要花费的成本只是 S 中最大飞机的跑道的建设成本。因此，联盟 S 中所有航空公司所共同承担的成本为：

$$v(S)=\max\{c_p,c_q,\cdots,c_w\},(p,q,\cdots,w)\in S \tag{7-7}$$

先看最小机型公司 1 应当承担的成本。公司 1 排在第一位时的可能排列为 $(n-1)!$ 个。在公司 1 排在第一位时，他的边际贡献（对联盟增加的边际成本）就是 c_1。当公司 1 在排列中的第二位或更后面时，公司 1 由于成本最低，因此排在他前面的公司的跑道成本已经包括了公司 1 的跑道成本，因此这时他对联盟增加的边际成本等于 0. 对于 n 个公司来说，所有的排列数量为 $n!$ 因此公司 1 的 Shapley 值为：

$$\varphi_1=\frac{(n-1)!}{n!}c_1=\frac{c_1}{n} \tag{7-8}$$

再看公司 2 应当承担的成本。如果他最先进入联盟，则其对联盟的边际贡献为 c_2，这种情况的排列数量是 $(n-1)!$ 个，对于 n 个公司来说，所有的

排列数量为 $n!$，因此这时的概率为 $\frac{(n-1)!}{n!}=\frac{1}{n}$，这里公司 2 应当承担的成本为 $\frac{c_2}{n}$。

当公司 2 第二个进入联盟时，如果排在他前面的恰好为公司 1，公司 2 对联盟的边际贡献为公司 2 的成本超过公司 1 的成本的部分 (c_2-c_1)，这种情况的排列个数有 $(n-2)!$ 个，因此这种情况的概率为 $\frac{(n-2)!}{n!}$，公司 2 应当承担的成本为 $\frac{(n-2)!}{n!}(c_2-c_1)$。

如果公司 2 排在第三位或者更后面，那么他前面的公司就会至少有一家公司的跑道成本大于他的成本 c_2，此时公司 2 对联盟的边际贡献为 0。

因此，公司 2 的 Shapley 值为：

$$\varphi_2=\frac{c_2}{n}+\frac{(n-2)!}{n!}(c_2-c_1)=\frac{c_2}{n}+\frac{1}{(n-1)n}(c_2-c_1)$$

$$=\frac{c_2}{n}+\frac{n-(n-1)}{(n-1)n}(c_2-c_1)$$

$$=\frac{c_2}{n}+\left(\frac{1}{n-1}-\frac{1}{n}\right)(c_2-c_1)=\frac{c_1}{n}+\frac{1}{n-1}(c_2-c_1) \tag{7-9}$$

再看公司 3 应当承担的成本。如果他最先进入联盟，则其对联盟的边际贡献为 c_3，这种情况的排列数量是 $(n-1)!$ 个，对于 n 个公司来说，所有的排列数量为 $n!$，因此这时的概率为 $\frac{(n-1)!}{n!}=\frac{1}{n}$，这里公司 3 应当承担的成本为 $\frac{c_3}{n}$。

当公司 3 第二个进入联盟时，有三类情况。

一是排在他前面的恰好为公司 1，公司 3 对联盟的边际贡献为公司 3 的成本中超过公司 1 的成本的部分 (c_3-c_1)，这种情况的排列个数有 $(n-2)!$ 个，因此这种情况的概率为 $\frac{(n-2)!}{n!}$。这时公司 3 应当承担的成本为 $\frac{(n-2)!}{n!}(c_3-c_1)$。

二是排在他前面的恰好为公司 2，公司 3 对联盟的边际贡献为公司 3 的成本中超过公司 2 的成本的部分（$c_3 - c_2$），这种情况的排列个数有（$n-2$）!个，因此这种情况的概率为 $\frac{(n-2)!}{n!}$。这时公司 3 应当承担的成本为 $\frac{(n-2)!}{n!}(c_3 - c_2)$。

三是排在他前面的公司中至少有一个公司既不是公司 1 也不是公司 2，这里公司 3 前面必有公司 4 或者编号更大的公司。在这样的情况下，公司 3 对联盟的边际贡献为 0。

综合起来，当公司 3 第二个进入联盟时应当承担的成本为 $\frac{(n-2)!}{n!}[(c_3 - c_1) + (c_3 - c_2)]$

当公司 3 第三个进入联盟时，有二类情况。

一是排在他前面的恰好为公司 1 和公司 2，这时，公司 3 对联盟的边际贡献为公司 3 的成本中超过公司 2 的成本的部分（$c_3 - c_2$），这种情况的排列个数有（$n-3$）!2! 个，其中的（$n-3$）! 是 n 个公司中去掉公司 1、公司 2 和公司 3 后剩下的 $n-3$ 个公司的排列数，2! 是当公司 3 前面的公司为公司 1 和公司 2 时，这两个公司的可能排列数。因此，这种情况的概率为 $\frac{(n-3)!2!}{n!}$。这时公司 3 应当承担的成本为 $\frac{(n-3)!2!}{n!}(c_3 - c_2)$。

二是排在他前面的为公司中至少有一个既不是公司 1 也不是公司 2，这时他前面的公司中或者是公司 4 或者编号更大的公司，由于编号大于 3 的公司的跑道长于公司 3 的跑道，因此，这时公司 3 对联盟的边际贡献为 0。

把公司 3 进入联盟的各种顺序综合起来，公司 3 的 Shapley 值为：

$$
\begin{aligned}
\varphi_3 &= \frac{c_3}{n} + \frac{(n-2)!}{n!}[(c_3 - c_1) + (c_3 - c_2)] + \frac{(n-3)!2!}{n!}(c_3 - c_2) \\
&= \frac{c_3}{n} + \frac{1}{n(n-1)}(c_3 - c_1) + \left[\frac{1}{n(n-1)} + \frac{2}{n(n-1)(n-2)}\right](c_3 - c_2) \\
&= \frac{c_3}{n} + \frac{n-(n-1)}{n(n-1)}(c_3 - c_1) + \left[\frac{1}{n(n-1)} + \frac{2}{n(n-1)(n-2)}\right](c_3 - c_2)
\end{aligned}
$$

$$= \frac{c_3}{n} + \frac{1}{(n-1)}(c_3 - c_1) - \frac{1}{n}(c_3 - c_1) + \left[\frac{1}{n(n-1)} + \frac{2}{n(n-1)(n-2)}\right](c_3 - c_2)$$

$$= \frac{c_1}{n} + \frac{1}{(n-1)}(c_3 - c_1) + \left[\frac{1}{n(n-1)} + \frac{2}{n(n-1)(n-2)}\right](c_3 - c_2)$$

$$= \frac{c_1}{n} + \frac{1}{(n-1)}(c_3 - c_1) + \left[\frac{n-2}{n(n-1)(n-2)} + \frac{2}{n(n-1)(n-2)}\right](c_3 - c_2)$$

$$= \frac{c_1}{n} + \frac{1}{(n-1)}(c_3 - c_1) + \left[\frac{(n-1)-(n-2)}{(n-1)(n-2)}\right](c_3 - c_2)$$

$$= \frac{c_1}{n} + \frac{1}{(n-1)}(c_3 - c_1) + \frac{1}{(n-2)}(c_3 - c_2) - \frac{1}{(n-1)}(c_3 - c_2)$$

$$= \frac{c_1}{n} + \frac{1}{(n-1)}(c_2 - c_1) + \frac{1}{(n-2)}(c_3 - c_2)$$

实际上，对于跑道博弈，公司 k（$k = 1,2,\cdots,n$）的 Shapley 值为：

$$\varphi_k = \frac{c_1}{n} + \frac{1}{n-1}(c_2 - c_1) + \cdots + \frac{1}{n-k+1}(c_k - c_{k-1})$$

$$= \sum_{i=1}^{k} \frac{c_i - c_{i-1}}{n-i+1} \tag{7-10}$$

观察这个公式，可以发现最小飞机跑道成本 c_1 由全部 n 家公司均摊，然后把次小飞机的跑道成本 c_2 与最小飞机的跑道成本 c_1 之差（$c_2 - c_1$），在除公司 1 之外的其余（$n-1$）家公司之间平分，…，直到（$c_{k+1} - c_k$）在公司 k 与公司 n 之间的（$n-k+1$）个公司之间分摊。这样，跑道越长的公司承担的成本越高，但却总小于该公司“单干”的成本。

习题：

7.1　三个企业，企业 1 生产汽车轮胎，企业 2 生产发动机，企业 3 生产汽车底盘。假设三个企业的生产成本为 0，单独的轮胎、发动机、底盘的售价皆为 0。但轮胎、发动机、底盘组合成的一台汽车的售价为 60 万元。

求：一台汽车的利润如何在三个企业之间分配？

7.2　地主与佃户的合作博弈中，请根据夏普利值公式

$$\phi_i(v) \frac{1}{n!} \sum_{\sigma j \in \pi(N)} m_i^{\sigma j}(v)$$

证明地主的夏普利值为

$$\phi_0(v) = \frac{1}{n+1}\sum_{i=1}^{n} f(i)$$

7.3 张、李、王、刘同学的家到单位都在一条直线公路上，如果乘出租车，刘同学从家到单位需要 200 元，王同学则需要 150 元，李同学需要 80 元，张同学则需要 40 元。为了节省费用，现四位同学决定合乘一辆出租车上班。

问：四位同学分别分摊多少车费？

本章参考文献

[1] Lloyd S Shapley. Cores of convex games [J]. International Journal of Game Theory, 1971, 1 (1): 11 -26.

[2] Lloyd S Shapley, M Shubik. Quasi - cores in a monetary economy with non - convex preferences [J]. The Econometric Society, 1966, 34 (4): 805 -827.

[3] Alvin E. Roth. The Shapley Value: Essays in Honor of Lloyd S. Shapley [M]. Cambridge: Cambridge University Press, 1988.

[4] Jean - François Mertens. Values and Derivatives [J]. Mathematics of Operations Research, 1980, 5 (4): 523 -552.

[5] Jean - François Mertens. The Shapley Value in the Non Differentiable Case [J]. International Journal of Game Theory, 1988, 17 (1): 1 -65.

第八章　联盟的瓦解与稳定性

导入案例：互联网约车中的联盟瓦解

- 近年来，手机APP端的互联网约车服务日渐普及。为了培育市场和竞争，互联网约车公司通常推出对司机补贴的策略，例如每完成一单约车服务后，司机可从公司得到乘客应付款三倍的补贴，其补贴上限为人民币60元。假设某乘客打车的应付款为9元，根据政策，司机最多拿27元。此时，司机让乘客先下车，他自己空车继续开，当这个单到20元的时候，他点击乘客下车，乘客则网上支付20元，司机得到高达60元的补贴。至于乘客额外多支付的11元，其实司机在乘客下车的时候就补给了乘客，而且由于她愿意合作，司机反过来甚至愿意多给一些钱给乘客。打车软件公司为司机推出的促销补贴，虽然设计了不同情境，但在一些特定的消费行为中，只要乘客配合，就轻松地被司机解构，实现司机和乘客利益的共同最大化。

博弈中的联盟指一些博弈参与人形成事先商定行为的团体。这种联盟的目标是维护联盟成员的利益。一般来说，结成联盟能够实现较多的联盟整体的收益，从而参与其中的个体也能够分配到比个体单干时更多的收益。但是，在许多情况下，联盟是能够被瓦解掉的。

导致联盟解体的可能原因包括个体理性或小联盟理性的存在，也可以说是个体或小联盟的私心的存在。联盟出现的问题通常分为两类，一类是联盟内部由合作转向对抗，导致收益下降，还有一类就是联盟杯内外部势力瓦解，造成联盟解体。

8.1　个体理性导致博弈由合作转向对抗和收益下降

所谓的个体理性，主要指博弈参与人以自己的收益最大化为自己行为选择的决策原则。这种个体理性，常常能够导致联盟内部由合作转向对抗。

☞个体理性导致的联盟的瓦解——囚徒困境再议

囚徒困境（Prisoner's Dilemma）是兰德公司的梅里尔·弗勒德（Merrill Flood）和梅尔文·德雷希尔（Melvin Dresher）和艾伯特·塔克（Albert Tucker）于1950年提出来的。经典的囚徒困境为：

警方逮捕甲、乙两名嫌疑犯，但没有足够证据指控二人入罪。于是警方分开囚禁嫌疑犯，分别和二人见面，并向双方提供以下选择：

若某人坦白认罪，而对方抵赖，此人将即时获释，抵赖者判监禁10年。

若二人都抵赖，则因犯罪证据不足，则二人同判监禁1年。

若二人都坦白，则罪行得到确认，但由于坦白，二人同样判监禁8年。

表8.1　囚徒困境

	乙抵赖	乙坦白
甲抵赖	服刑1年，服刑1年	服刑10年，即刻获释
甲坦白	即刻获释，服刑10年	服刑8年，服刑8年

于是，每个囚徒都面临两种选择：坦白或抵赖。

这个博弈的特点是，不管对方选择什么，每个囚徒的最优选择总是坦白：如果对方抵赖，自己选择坦白会被释放，选择抵赖会被判 1 年；如果对方坦白，自己选择坦白被判 8 年，选择抵赖会被判 10 年。

如果两个嫌疑犯都是个体理性的，就都会选择坦白，结果是各被判刑 8 年。但是，这是在二个人不合作时的结果。

如果两人是可以信赖的朋友，就会提前约定，如果被抓，就都选择抵赖，这样得到的惩罚最轻。这种情况，就是形成互相合作的联盟。

由此可见，由于互相的猜疑和不信任可能导致联盟的破裂，在合作不能达成的情况下，个体理性并不能取得和集体理性一致的收益水平，相反，追求个体理性只会走向对抗和收益下降，由此就会必然陷入囚徒困境了。

8.2　小联盟理性导致博弈由合作转向对抗和收益下降

小联盟理性，在本书第六章中已经定义过，主要指任何大联盟中的部分成员会考虑如果结成小联盟是否会收益更高一些。这个表现出来的“小联盟的自私性”就是小联盟理性。

在现实中，大联盟中还存在子联盟型，子联盟理性常常会损害大联盟的利益。

☞ 小联盟理性引发对抗和收益下降

请看一下下述三人博弈的实例。

在表 8.2 表示的三人博弈中，每个参与人有两个策略：参与人 A 策略为 a_1 或 a_2，参与人 B 的策略为 b_1 或 b_2，参与人 C 则决定是方案一还是方案二。

此博弈有两个纯策略纳什均衡（a_1，b_1，方案一）和（a_2，b_2，方案二）。对比两个均衡可以看出，（a_1，b_1，方案一）帕累托优于（a_2，b_2，方案二），即在（a_1，b_1，方案一）情况下的 $v(A,B,C)$ 大于在（a_2，b_2，方案二）情况下的 $v(A,B,C)$。在（a_1，b_1，方案一）下，收益向量为（0，0，10），即参与人 C 的收益为 10，而参与人 A 与参与人 B 的收益分别为 0. 在这种情况下，参与人 C 必须在自己的收益中分出一些收益给参与人 A 与参与人

B。并且至少要使 A 与 B 的收益大于 1，比如，采取（2，2，8）的分配方案。否则，参与人 A 与参与人 B 就会发生共谋，分别选择（a_2，b_2），在这种情况下，就会迫使参与人 C 选择方案二，导致收益向量为（-1，-1，5）这个结果。显然，这个结果与在均衡点（a_1，b_1，方案一）时的建议分配方案（2，2，8）相比，所有参与人的收益都是下降的。

表 8.2

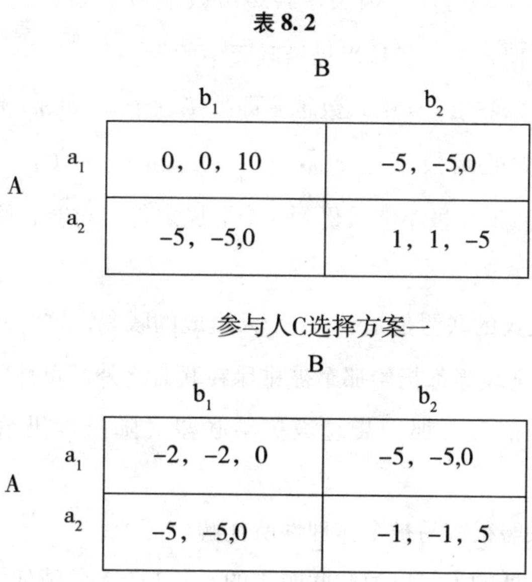

		B: b_1	B: b_2
A	a_1	0，0，10	-5，-5,0
	a_2	-5，-5,0	1，1，-5

参与人C选择方案一

		B: b_1	B: b_2
A	a_1	-2，-2，0	-5，-5,0
	a_2	-5，-5,0	-1，-1，5

三方面如果能够形成联盟，则约定大家在（a_1，b_1，方案一）上均衡，同时为了安慰 A 与 B，采用协议分配方案为（2，2，8），只有在这样的情况下，才实现了真正的均衡。当然，这种均衡不是纳什均衡，而是一种合作下的协议博弈。

8.3　个体理性导致联盟瓦解

下面是一个个体理性导致联盟瓦解的例子。

☞ 扔垃圾博弈

印度经济学家迪克西特（AvinashK. Dixit）等人提出了扔垃圾博弈（Garbage Game），构造了一个可以被瓦解的联盟，其主要内容为：

参与人为 n 户居民，每户居民有一袋垃圾要处理。每有一袋垃圾扔不出去，就给垃圾所有人带来的损失是1。

在此例子中，用 m 表示 m 人联盟，m 人联盟的特征函数（即联盟的收益）为 $v(m)$，并且规定 $1 \leq m \leq n$。

假设这 n 户居民素质不高，居民之间出现垃圾大战：每个人都想把垃圾扔给别人。在这样的情况下，如果有 m 个人联合起来，这 m 个人的联盟的特征函数是 $v(m) = -(n - m)$，因为该联盟可以把 m 袋垃圾扔给联盟外的人，而联盟外的人可以把 $n - m$ 袋垃圾扔给联盟中的人。

由特征函数可以看出，m 中人数越多即越接近于 n，$v(m)$ 越大。但如果 m 等于 n，联盟的特征函数不是 $v(m) = -(n - m) = -(n - n) = 0$，而是 $v(n) = -n$，因为假设垃圾不能被仍到 n 个居民之外。这时，联盟 m 的存在失去意义，等于没有联盟。

这样，收益最大的联盟是是 $n - 1$ 个人组成的联盟，这时 $v(n - 1) = -1$：这 $n - 1$ 个人可以把垃圾都扔给那个被排斥在联盟之外的可怜的家伙，这个人的最大的报复只是把自己那一袋垃圾扔给联盟（随机地扔给联盟中的某个人）。

但是，这个联盟很容易被个体理性所瓦解。

被联盟排除在外的人可以通知联盟中的 $n - 2$ 个人，请他们把垃圾扔给把垃圾都扔给联盟中没有收到他通知的那个人，而他本人来承担没有接到他通知的那个人扔出来的那一袋垃圾。这样，收到他通知的这 $n - 2$ 个人在新的情况下已经没有收到垃圾的风险。即 $v(n - 2) = 0$。

而原来被排斥在联盟之外的人，他的特征函数即承担的成本由 $v(i) = -(n - 1)$ 减少到 $v(i) = -1$。这样，原来的联盟 m 被瓦解了。

8.4 小联盟理性导致联盟瓦解

下面再讲一下合作博弈中小联盟理性导致联盟瓦解的例子。

☞ 内部利益分配时的多数原则——导致联盟解体

有三个参与人 1、2、3 组成一个联盟，他们共同拥有价值为 1 的财富。该联盟有一个对财富的分配规则：投票决定该财富的分配方案，而在投票时采取少数服从多数原则，即其中最大的子联盟占有全部财富。

思考：其特征函数如何表示这种特征？

根据这个分配规则，任何人如果单干（即与其他人对财富的分配意见相左），其分配得到的财产为0。

即 $v(1) = 0, v(2) = 0, v(3) = 0$ 。

而任何意见一致的多数（2 个人或者 3 个人），都可以全部占有价值为 1 的财产的全部。

即 $v(1,2) = 1, v(2,3) = 1, v(1,3) = 1, v(1,2,3) = 1$

显然，对于这个联盟，配置集为：

$$I(v) = \{x_1, x_2, x_3 \mid , x_1 + x_2 + x_3 = 1, x_1 \geq 0, x_2 \geq 0, x_3 \geq 0,\} \quad (8-1)$$

现在我们证明，在这个配置集中，不存在满足小联盟理性的子集，即在这个配置集中的核为空集（说明这个联盟会因为有小联盟理性而瓦解）。

分三种情况来证明。

这个配置集中的元素（即分配方案）必是如下三种情况之一：

情况 1：3 个参与人都分配到一定的财产，即 $x_1 > 0, x_2 > 0, x_3 > 0$ 。

情况 2：3 个参与人中有 2 个分配到的财产为 0。

情况 3：3 个参与人中有 1 个分配到的财产为 0。

现在证明，这三种情况，都不满足小联盟理性，即都不是核中的分配方案。

首先来看情况 1。在这种情况下，3 个人中任何 2 个人都可以组成小联盟，共同分掉价值为 1 的财富。由于 2 个人分掉价值为 1 的财富比 3 个人分掉时（这时 3 个人每个人都必须得到一定财富）收益会增加，因此情况 1 没有小联盟理性。

再来看情况 2。如果有二个人同时没有任何收益，即他们都收益为 0，则他们俩完全可以组成一个子联盟从而投票推翻情况 2。因此，情况 2 也不在核中。

最后看情况 3。即其中一个人的收益为 0，另二个人的收益一个是 $\Delta \neq 0$ 另一个是 $1 - \Delta$ 。为了方便，设该配置为 $(0, \Delta, 1 - \Delta)$ 。这时，参与人 1 可以提出改进的分配方案$(\Delta-\frac{\Delta}{2},0,1-\Delta+\frac{\Delta}{2})$，这里参与人3也会同意这个新分配方案因为他自己也增加了收益，这样就形成了参与人1与参与人3组成的子联盟。同样，参与2不甘心损失，也会提出新的分配方案$(0,\Delta-\frac{\Delta}{2}-\frac{\Delta}{4},1-\Delta+\frac{\Delta}{2}+\frac{\Delta}{4})$，又开始了参与人2与参与人3的子联盟。如此下去，可见情况3也不是一个稳定的结果，因此，也不在核中。

可以证明，数量为大于3的任何奇数个参与人所组成的联盟，只要采取少数服从多数原则，都是不稳定的。

这个例子说明，对于在集体内部分配利益与财产这一类决策问题，当前普遍采用的导致以多数人意见为决策依据的集体投票制度是不适当的。一个现实的例子是，1990年代，某冶金类高校全体教师投票来决定本单位最后一次“单位职工分配住房方案”时，由于冶金类高校占绝对多数的是男教师，投票结果竟然是“只对本单位的男教工进行住房分配”，事件引起女教师的不满，一直反映到省妇联，在妇联的干预下才得以解决。

8.5 联盟的稳定性

8.5.1 对抗与联盟的稳定性

联盟中的个体对分配方案的满意程度决定了联盟的稳定性。

从联盟的稳定性角度来考虑，联盟收益的分配方案，除了需要符合核的要求之外，还要使联盟中的任何个体不能提出针对某个参与人的与其他人共享的改进方案。一个这样的改进方案称为针对某个参与人的原来分配方案的一个对抗。

如果针对对抗，还有人提出新的改进方案，即针对对抗提出对抗，这种针对对抗的对抗称为反对抗。显然，如果提出对抗的人，预见到自己提出的对抗将会被反对抗所否定，则就不会再提出对抗。而没有对抗的分配方案是稳定的，也是联盟稳定的根本基础。

☞ 对抗与反对抗的一例

考虑三人博弈，$v(1,2,3) = 100$，$v(1) = 0, v(2) = 0, v(3) = 0$，$v(2,3) = 50$，$v(1,2) = 100, v(1,3) = 100$。在这个博弈中，参与人 1 的地位相对重要，参与人 2 或 3 只要与 1 合作，联盟收益可达到 100。但如果 2 与 3 合作，则收益只能为 50.

由此，有人提出的配置为（75，25，0），即参与人 1 与 2 联合，1 由于比较重要，得到 75，参与人 2 至少 25，因为如果 2 少于 25，他就可以与 3 结盟，平分联盟收益 50，至少可得 25。

但是，参与人 1 极可能不同意方案（75，25，0），因为他可以与 3 结盟，实现配置（76，0，24）。

这样，（76，0，24）就是参与人 1 威胁参与人 2 的一个对抗。

但参与人 2 对于（76，0，24），还可以提出一个反对抗（0，25，25）。参与人 3 显然会支持这个反对抗，因为参与人 3 在这个反对抗中收益更大一些。

在这样的情况下，如果参与人 1 预料到，自己对（75，25，0）提出的对抗（76，0，24）会遭到参与人 2 的反对抗（0，25，25），导致对自己更加不利的结果。因此，参与人 1 就不会再对（75，25，0）提出对抗。

那么，参与人 2 会不会对（75，25，0）提出对抗（0，27，23）呢？可以发现，针对这个对抗，参与人 1 可以提出反对抗（75，0，25），这个方案也会受到参与人 3 的支持。显然这个反对抗对参与人 2 更加不利。

因此，参与人 2 也不会对（75，25，0）提出对抗。

因此，如果只考虑参与人 1 与 2，则配置（75，25，0）是稳定的，双方都不会提出对抗方案。

同样，如果只考虑参与人 1 与 3，配置（75，0，25）也是一个稳定的配置，因为参与人 2 与参与人 3 在这个合作博弈中地位是相同的。

但是，对于配置（75，25，0），如果考虑有参与人 3 的存在，则不是一个稳定的方案，因为参与人 3 可以对参与人 1 提出（76，0，24），也可以对参与人 2 提出（0，26，24），从而拆散 1 与 2 的联盟。

同样，如果只考虑参与人2与3，则（0，25，25）也是一个稳定的配置。因为，如果参与人2提出对抗（0，26，24），则参与人3就会提出反对抗（75，0，25）。

但如果考虑到参与人1的存在，则（0，25，25）也不是一个稳定的配置。因为参与人1可以针对参与人2提出（74，26，0），或者对参与人3提出（74，0，26），从而拆散2与3的联盟。

综合上述，在这个合作博弈中，子联盟 $S_1 = \{1,2\}$，$S_2 = \{1,3\}$，$S_3 = \{2,3\}$ 都不是一个稳定的联盟。因为找不到无法被对抗瓦解的配置。

8.5.2 对抗与反对抗的定义

对于两个配置 x 和 y，以及对于任何联盟 S，我们记：

$x >_{(S)} y$ 当且仅当 $x_i > y_i$，$\forall i \in S$ (8-2)

定义 8.1 对于联盟 S 和配置 x，定义：

$$e(S,x) = v(S) - \sum_{i \in S} x_i \tag{8-3}$$

为 S 关于 x 的超额（Excess）。

超额 $e(S,x)$ 是子联盟 S 的收益与该联盟的全体成员在配置中的收益总和之间的差值。对于，S 中的全体成员在配置 x 的收益之和为 $\sum_{i \in S} x_i$，联盟 S 能够产生的收益为 $v(S)$，这样，如果超额 $e(S,x) \geq 0$，说明联盟 S 能够产生的收益为 $v(S)$ 没有被“分光”。这就是说，超额越小，S 中的成员越愿意接受 x。

可以把对抗定义如下：

定义 8.2 参与人 i 对另一个参与人 j 以及配置 x 的一个对抗（objection）表示为 (y,S)，其中 y 是另外一个配置，$S \subseteq N, i \in S, j \notin S$，$(y,S)$ 满足 $e(s,y) = 0$，而且 $y >_{(S)} x$。

在例 8.5 中，参与人 1 针对参与人 2 和方案提出的对抗是 $((76,0,24), S = \{1,3\})$。$(76,0,24)$ 对于参与人 1 和 3 都比更好（75，25，0），同时 $\{1,3\}$ 关于 $(76,0,24)$ 的超额等于 0。

定义8.3　参与人 j 对参与人 i 和他的对抗 (y,S) 的反对抗表示为 (z,T)，z 是另一个配置，T 是另一个子联盟，其中 $j \in T, i \notin T$，并且 $T \cap S \neq \varphi$，(z,T) 满足：$e(T,z) = 0, z \geq_{(T)} y$，。

对于例8.5，针对参与人1的对抗 $((76,0,24), S = \{1,3\})$，参与人2提出了他的反对抗 $z = (0,25,25), T = \{2,3\}$，使得参与人2与3都提高了收益。

8.6　非合作博弈中博弈行为的稳定性

现在分析一个在非合作博弈下，博弈行为的稳定性问题。在一些情况下，如果非合作博弈如果能够达到纳什均衡，则该博弈中各参与人的博弈行为就达到稳定的状态。但如果大家的行为都在不断的变化，则博弈行为就是不稳定的。

经济学家哈罗德·霍特林（Harold Hotelling）在1929年提出，如果A与B两个厂家生产相同的产品，则这来自两个厂家的产品的出售地点在地理上越接近，它们的可替代性就越强。消费者在地理上与出售地点越远，则其购买的成本就越高，因此顾客会选择离自己最近的售货点去购买产品。因此，对于生产同样产品的厂商来说，只与邻近他们的厂商存在直接竞争。假设市场上只有两个厂商，每个厂商只有一个售货点，并且只能在长度为1公里的线段上分布，而消费者均匀地分布在与该线段平行并且与该线段有一定距离的另一条长度为1公里直线上，如图8－1。

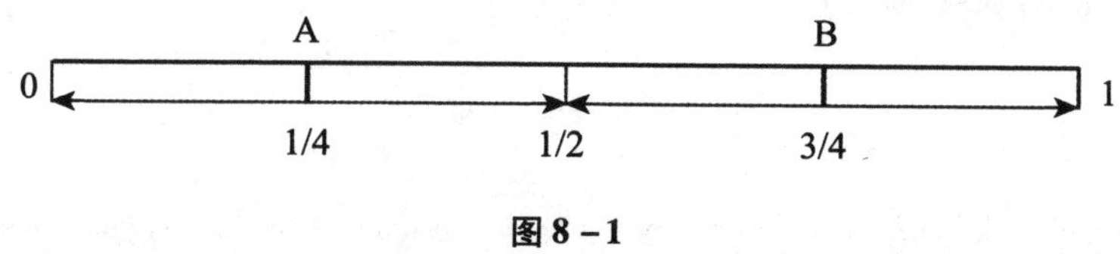

图8－1

这时，每家厂商的售货点选择在哪里比较好呢？

人们常常想当然地认为，把这条线段四等分，第一家厂商的售货点A设在1/4处，第二家厂商的售货点B设在3/4处。的确，如果两家厂商的关系比较好，并且双方都非常信守约定，则双方的售货点如此分布是可能的。

但从竞争博弈的角度来看，如果A向右移动，那么A就会得到更多的客户，B的客户就会减少。在这样的情况下，B也会向左移动，以夺回失去的客户。

这样，A不断地向右挤，B不断地向左挤。最后，双方都到达紧靠线段中点1/2的位置（图8－2）。这时双方无法再移动，从而达到了均衡。

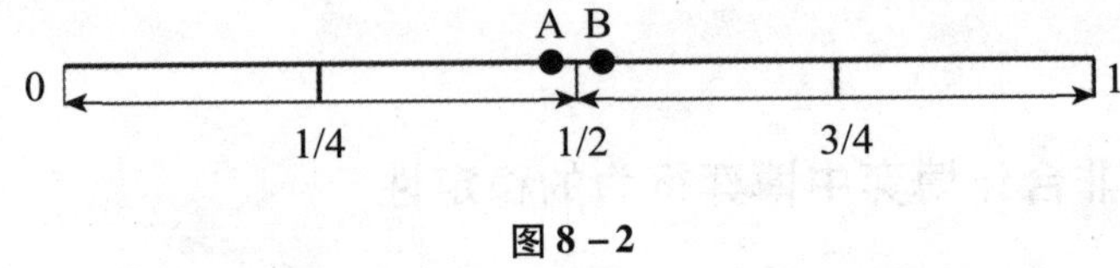

图8－2

那么，如果该线段上存在三家厂商的售货点A、B、C，情况如何呢？结论是这种情况下没有稳定的均衡，这些售货点就会不断地移动。

习题：

8.1　人们常说，如果团队中每一个人即聪明又有私心，则这个团队的效益最差。用联盟的瓦解理论来解释，这是什么原因导致的什么现象？

8.2　在具有两个主要政党作为竞争对手的国家，二个政党之间的执政政策差异往往会越来越小。有人说，这个现象可以用霍特林模型来解释。请构造一个两个正常竞争的霍特林模型，来解释政党之间的执政政策差异越来越小的现象。

8.3　请构造一个五分之四多数决策财产分配的合作博弈模型，给出其特征函数，证明其核不存在。

本章参考文献

[1] M Maschler, B Peleg, Lloyd S Shapley. Geometric properties of the kernel, nucleolus, and related solution concepts [J]. Mathematics of Operations Research, 1979, 4 (4): 303－338.

[2] Edmonds J. Submodular functions, matroids, and certain polyhedra [J]. Combinatorial structures and their applications, 1970: 69－87.

[3] Shapley L S. On balanced sets and cores [J]. Naval Research Logistics (NRL), 1967, 14 (4): 453－460.

第九章　谈判的底线与解

导入问题：谈判成功的条件是什么？

- 设两家企业进行项目合作谈判，人们都知道这种谈判有可能成功，即达成某种合作协议；也可能失败，即什么协议也没有达成。
- 从博弈论角度来看，谈判成功的条件是什么？为什么有的谈判会失败？

9.1　谈判概述与谈判的比例模型

9.1.1　谈判概述

谈判指博弈双方在利益互逆的情况下，双方为争取各自的利益而进行商谈。所谓的利益互逆，指对于博弈双方来说，如果一方的利益增加，则另一方的利益必然会减少。

从谈判的结局来考虑，如果双方能够达成一致，则谈判就是成功的。反之，如果双方最终无法达成一致，则称为谈判破裂。

一般地说，对于双方来说，谈判成功比谈判破裂都会具有更好的收益。这就是说，双方对谈判成功的期望是谈判得以进行的重要基础。另一方面，双方也会在谈判成功的条件下使自己得到的利益更多一些。因此，谈判是一种合作情况下的斗争过程。

9.1.2　谈判的比例模型

从数学描述角度来定义谈判，设 A、B 双方谈判成功时，双方总共可获得的利益为 1，并且设则谈判过程就是双方争取在分配这这个利益时，自己方获得的比例尽可能多的过程。设 A 方通过谈判获得的利益比例为 x , $0 < x < 1$ ，则 B 方获得的利益比例为 $1 - x$ ，因此，谈判的结果就是 $(x,1 - x)$ 。如果谈判破裂，则结果是 $(0,0)$ 。因此，只要 $x \neq 0, x \neq 1$ ，谈判成功总比谈判破裂要好。因此，任何处于 $(x,1 - x)(0 < x < 1)$ 中的结果都是纳什均衡。问题是，在符合这个条件下，确定 $0 < x < 1$ 的具体数值，则是需要双方利用自己的条件与能力进行斗争才能确定。

谈判的结果如何，与双方在谈判前所设置的自己的谈判底线有关。所谓的谈判底线，是指谈判博弈参与人在事先设置的自己所能够接受的最差结果。从数学角度来看，谈判底线是谈判成功后形成的总收益的各种分配方案形成的一个集合。我们用 BL_A 表示 A 方的底线，用 BL_B 表示 B 方的底线。比如，双方都事先确定谈判底线是自己的收益比例不能小于总收益的二分之一，即对于 A 方来说，$BL_A = x \geq \frac{1}{2}$；而对于 B 方来说，$BL_B = 1 - x \geq \frac{1}{2}$。在这样的情况下，只有 $x = \frac{1}{2}$ 为双方可接受的结果。在这样的情况下，双方各得的收益比例都是 $\frac{1}{2}$。

谈判能够成功的基本条件，是双方的底线形成的交集非空。即 $BL_A \cap BL_B \neq \varnothing$。

比如，$BL_A = \left\{x \geq \frac{1}{3}\right\}$，$BL_B = \left\{1 - x \geq \frac{1}{4}\right\}$，则 $BL_A \cap BL_B = \left\{x = [\frac{1}{3}, \frac{3}{4}]\right\}$。在这种情况下，双方可以在 $x = [\frac{1}{3}, \frac{3}{4}]$ 上讨价还价，争取对自己有利的结果。

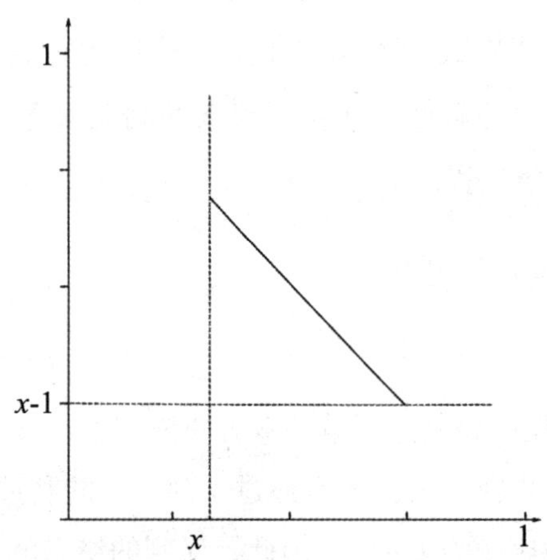

图 9－1 $BL_A \cap BL_B = \left\{x = [\frac{1}{3}, \frac{3}{4}]\right\}$ **时的情况**

图 9－1 是 $BL_A \cap BL_B = \left\{x = [\frac{1}{3}, \frac{3}{4}]\right\}$ 的图像。该图的横坐标是 A 方的收益比例 x，纵坐标是 B 方的收益 $1 - x$，虚线 $x = \frac{1}{3}$ 的右方表示 $BL_A = \left\{x \geq \frac{1}{3}\right\}$，虚线 $1 - x = \frac{1}{4}$ 的上方表示 $BL_B = \left\{1 - x \geq \frac{1}{4}\right\}$。而谈判的结果集则为图 9－1 中的实线，它处于虚线 $x = \frac{1}{3}$ 与虚线 $1 - x = \frac{1}{4}$ 相交点的右上

角，表示谈判具有可行结果集。

如果 $BL_A = \left\{x \geq \frac{2}{3}\right\}$，$BL_B = \left\{1 - x \geq \frac{1}{2}\right\}$，则 $BL_A \cap BL_B = \varnothing$。在这种情况下，双方的谈判必然破裂。

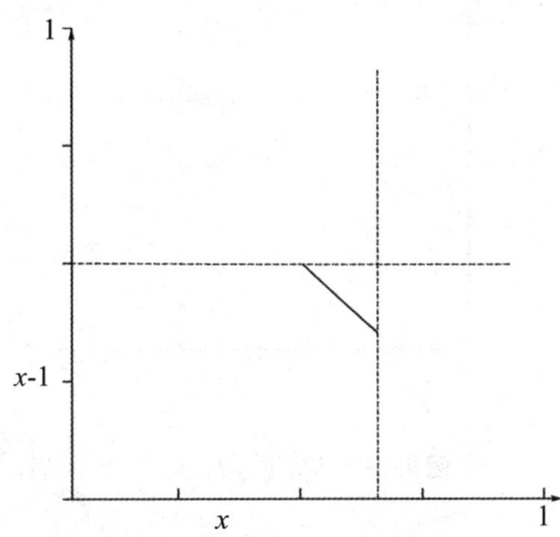

图 9－2　$BL_A \cap BL_B = \varnothing$ 时的情况

图 9－2 是 $BL_A = \left\{x \geq \frac{2}{3}\right\}$ 并且 $BL_B = \left\{1 - x \geq \frac{1}{2}\right\}$ 从而导致 $BL_A \cap BL_B = \varnothing$ 时的情况。虚线 $x = \frac{2}{3}$ 的右方表示 $BL_A = \left\{x \geq \frac{2}{3}\right\}$，虚线 $1 - x = \frac{1}{2}$ 的上方表示 $BL_B = \left\{1 - x \geq \frac{1}{2}\right\}$。由图中可以看出，谈判的结果集即图 9－2 中的实线，处于虚线 $x = \frac{2}{3}$ 与虚线 $1 - x = \frac{1}{2}$ 相交点的左下角，表示该谈判没有可行结果集。

有的谈判的可行结果集只是一个点，比如 $BL_A = x \geq \frac{1}{2}$ 并且 $BL_B = 1 - x \geq \frac{1}{2}$。在这样的情况下，只有 $x = \frac{1}{2}$ 为双方可接受的结果，即 $BL_A \cap BL_B$ 中的元素只有一个点。其图形如图 9－3 所示。

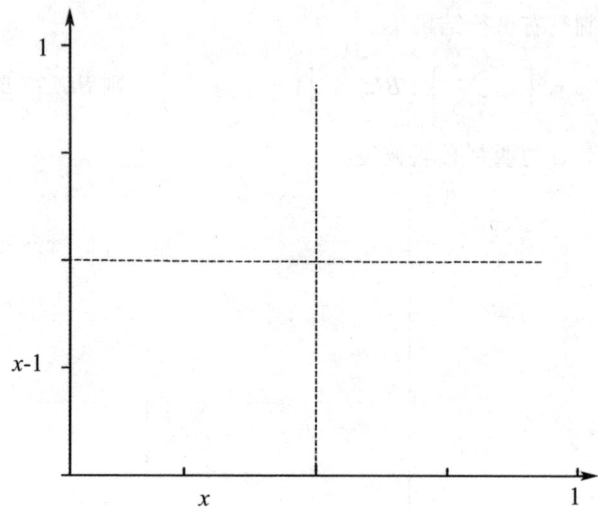

图 9－3　$BL_A \cap BL_B = \frac{1}{2}$ 时的情况

9.2　双方谈判问题的一般模型与谈判的客观底线

9.2.1　谈判的一般模型

现在讨论一下双方谈判问题的一般模型。

设谈判双方为 A 与 B。

如果双方谈判成功，则产生的总收益为 $v(A,B)$ 。

如果谈判破裂，A 的收益为 $v(A)$ ，A 的收益为 $v(B)$ 。

显然，$v(A,B) > v(A) + v(B)$ 是举行谈判的基本条件。

设如果谈判成功，A 的收益为 A_p ，则 B 的收益为 $B_p = v(A,B) - A_p$ 。

9.2.2　谈判的客观底线

所谓的客观底线，指如果谈判破裂，某一方也能够得到的最低收益。对于某一方来说，如果谈判成功情况自己的收益还不如谈判破裂情况下更高，则谈判成功对自己来说就没有任何意义。因此，我们把在谈判破裂情况下某一方也能够得到的最低收益称为该方的谈判客观底线。

根据上述分析，可以看出，A 的谈判客观底线为 $BL_A = \{A_p \geq v(A)\}$，B 的谈判客观底线为 $BL_B = \{v(A,B) - A_p \geq v(B)\}$，即 $BL_B = \{v(A,B) - v(B) \geq A_p\}$。也就是对于 B 来说，他的客观底线是只允许对方的收益不得超过 $v(A,B) - v(B)$。

在实际谈判过程中，双方所确定的谈判底线，往往比客观底线高多很多。

9.3　谈判成功的解集

不难理解，由于对于 A 来说，他可接受的谈判结果集为 $BL_A = \{A_p \geq v(A)\}$，对于 B 来说，他所接受的谈判结果集为 $BL_B = \{v(A,B) - A_p \geq v(B)\}$，因此双方都可接受的结果为

$$\begin{aligned} BL_A \cap BL_B &= \{A_p \geq v(A)\} \cap \{v(A,B) - A_p \geq v(B)\} \\ &= \{A_p \geq v(A)\} \cap \{v(A,B) - v(B) \geq A_p\} \\ &= \{A_p = [v(A), v(A,B) - v(B)]\} \\ &= \{B_p = [v(B), v(A,B) - v(A)]\} \end{aligned} \tag{9-1}$$

这就是谈判成功的解集。如果这个解集为空，则谈判没有任何成功的可能性。

如果把谈判看作是一种合作博弈，则谈判具有成功可能性的条件可以用对特征函数的要求来表示，即：

$$v(A,B) - v(B) \geq v(A)\ ,\ v(A,B) - v(A) \geq v(B) \tag{9-2}$$

也就是说，谈判能够成功的条件是，参与人 A 单干的收益 $v(A)$ 及 B 单干情况下的收益 $v(B)$ 要小，而双方合作的情况下的收益 $v(A,B)$ 要大，这种情况下双方对谈判才有兴趣。

9.4　谈判的纳什积解

非空的解集 $BL_A \cap BL_B$ 往往不是单点集，即其中有许多元素（即存在许多可能的谈判结果方案，在图 9－1 中，$BL_A \cap BL_B$ 为一条直线，其中的元素“点”（每个点其实就是一个谈判结果）为无穷多个，当然也有一些谈判问题的解集中的元素是有限的）。

在这种情况下，最后形成的谈判结果则取决于谈判双方的谈判能力对比。因此从理论上讲，对谈判结果的预测只能一个各种结果的“集合”，而无法给出一个准确的唯一的谈判结果。

但是，如果从“整集最优”的原则来求解，则谈判的结果往往具有唯一性。比如纳什积解法。

设双方谈判问题的一般模型为：谈判双方为A与B，则如果双方谈判成功，则产生的总收益为 $v(A,B)$，如果谈判破裂，A的收益为 $v(A)$，B的收益为 $v(B)$。如果谈判成功，A的收益为 A_p，则B的收益为 $B_p = v(A,B) - A_p$。

设A的效用为 u_A，B的效用为 u_B，则纳什积定义为A在谈判成功后获得的收益增量 $u_A(A_p - v(A))$ 与B在谈判成功后获得的效用增量 $u_B(B_p - v(B))$ 的乘积：

$$u_A(A_p - v(A))u_B(B_p - v(B)) \tag{9-3}$$

A与B各自的效用增量等于各自的收益增量时（这一种通常情况，即当A与B都没有对经济收益大小的特殊要求，并且在所考虑的收益区间比较小，不足以引起很明显的边际效益递减或递增现象时），纳什积为：

$$\begin{aligned}&[A_p - v(A)][B_p - v(B)] = [A_p - v(A)][v(A,B) - A_p - v(B)]\\&= [B_p - v(A)][v(A,B) - B_p - v(A)]\end{aligned} \tag{9-4}$$

在非空的解集 $BL_A \cap BL_B$ 中有许多元素的情况下，可以求其纳什积的最大值。显然，这是一个唯一解并且满足“集体最优原则”。

☞ 不对称效用函数下的谈判解

谈判双方的效用函数不同。其中A方因需要还债55万元，否则自己的价值100万元的房子将被收走，如果能够保证房子不被收走，则效用增加5个单位。因此，他的效用函数在55万处为一个跳跃点，即为跳跃的线性函数，如图9－4所示。

A的效用函数为：

$$U_A = \begin{cases}0.05A_p, A_p < 55\text{万元}\\5 + 0.05A_p, A_p \geq 55\text{万元}\end{cases} \tag{9-5}$$

B方由于没有上述特殊情况，因此他的效用函数只是一般的线性函数，

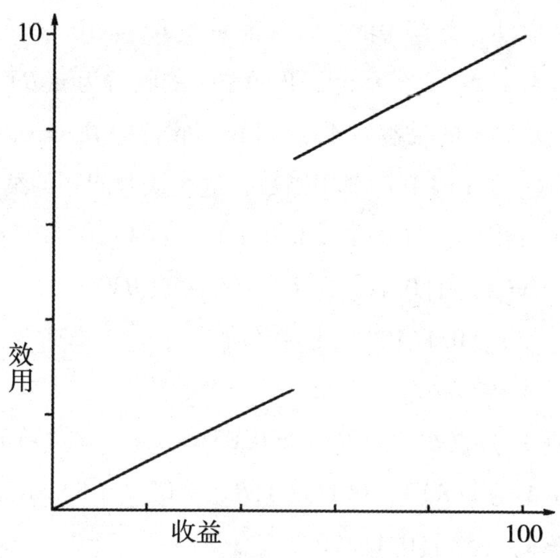

图 9－4　带有跳跃点的线性效用函数

但他对经济收益看得更重一些，如图 9－5 所示。

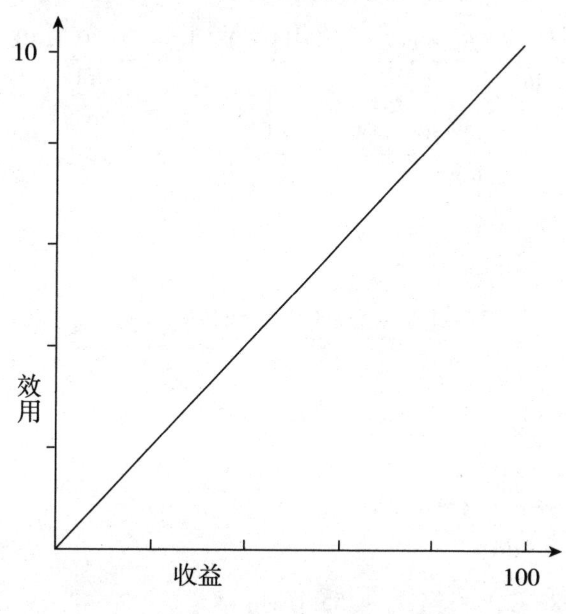

图 9－5　连续的线性效用函数

B 的效用函数为：

$$U_B = 0.1B_p \tag{9-6}$$

如果双方谈判成功，则产生的总收益为 $v(A,B)=100$ 万元，如果谈判破裂，A 单干的收益为 $v(A)=5$ 万元，B 的单干的收益为 $v(B)=7$ 万元。

设如果谈判成功，A 的收益为 A_p，则 B 的收益为 $B_p=v(A,B)-A_p$。

考虑到前面所述的 A 与 B 的效用函数，这个谈判问题的纳什积为：

$$u_A(A_p-v(A))u_B(B_p-v(B))=0.05(A_p-v(A))0.1(B_p-v(B))$$

$$=[0.05(A_p-v(A))][0.1(v(A,B)-A_p-v(B))]$$

$$=[0.05(A_p-5)][0.1(100-A_p-7)] \tag{9-7}$$

当 $A_p<55$ 万时。

$$u_A(5+A_p-v(A))u_B(B_p-v(B))=0.05(5+A_p-v(A))0.1(B_p-v(B))$$

$$=[0.05(5+A_p-v(A))][0.1(v(A,B)-A_p-v(B))]$$

$$=[0.05(5+A_p-5)][0.1(100-A_p-7)] \tag{9-8}$$

当 $A_p\geq 55$ 万时。

当 $A_p<55$ 万时，纳什积的导函数为：

$$\frac{du_A(A_p-v(A))u_B(B_p-v(B))}{dA_p}=\frac{d\{[0.05(A_p-5)][0.1(100-A_p-7)]\}}{dA_p}$$

$$=\frac{0.005d[(A_p-5)(100-A_p-7)]}{dA_p}$$

$$=\frac{0.005d[(A_p-5)(93-A_p)]}{dA_p}$$

$$=\frac{0.005d[(A_p(93-A_p)-5(93-A_p)]}{dA_p}$$

$$=\frac{0.005d(93A_p-A_p{}^2-465+5A_p)}{dA_p}$$

$$=\frac{0.005d(98A_p-A_p{}^2-465)}{dA_p}$$

$=0.005(98-2A_p)$，当 $A_p<55$ 万时：

$$令\ \frac{du_A(A_p-v(A))u_B(B_p-v(B))}{dA_p}=0 \tag{9-9}$$

解得：$A_p{}^*=49$，即当 $A_p<55$ 万时，纳什积解为 $A_p{}^*=49$ 万元，$B_p{}^*=100-A_p{}^*=51$ 万元

则当 $A_p \geq 55$ 万时：

$$\frac{du_A(A_p - v(A))u_B(B_p - v(B))}{dA_p} = \frac{d\{0.05[5 + A_p - v(A)]0.1[B_p - v(B)]\}}{dA_p}$$

$$= \frac{d\{0.05[5 + A_p - v(A)]0.1[B_p - v(B)]\}}{dA_p}$$

$$= \frac{d\{[0.05(5 + A_p - v(A))][0.1(v(A,B) - A_p - v(B))]\}}{dA_p}$$

$$= \frac{0.005d[(5 + A_p - 5)(100 - A_p - 7)]}{dA_p}$$

$$= \frac{0.005d[A_p(93 - A_p)]}{dA_p}$$

$$= \frac{0.005d[A_p(93 - A_p)]}{dA_p}$$

$$= \frac{0.005d(93A_p - A_p{}^2)}{dA_p}$$

$= 93 - 2A_p$，当 $A_p \geq 55$ 万时　　　　(9－10)

令 $\frac{du_A(A_p - v(A))u_B(B_p - v(B))}{dA_p} = 0$

解得：$A_p{}^* = 46.5$，即当 $A_p \geq 55$ 万时，纳什积解为 $A_p{}^* = 46.5$ 万元，$B_p{}^* = 100 - A_p{}^* = 53.5$ 万元

由于该函数的自变量定义域为当 $A_p \geq 55$ 万，再考虑 $\frac{du_A(A_p - v(A))u_B(B_p - v(B))}{dA_p} = 93 - 2A_p$ 为线性函数，而纳什积解为 $A_p{}^* = 46.5$ 万元 < 55 万元，此可以判断出，当 $A_p = 55$ 万时，纳什积 $u_A(A_p - v(A))u_B(B_p - v(B))$ 取得最大值。代入 $A_p = 55$ 万到当 $A_p \geq 55$ 万时的纳什积中：

$$u_A(5 + A_p - v(A))u_B(B_p - v(B)) = 0.05(5 + A_p - v(A))0.1(B_p - v(B))$$

$$= [0.05(5 + A_p - v(A))][0.1(v(A,B) - A_p - v(B))]$$

$$= [0.05(5 + A_p - 5)][0.1(100 - A_p - 7)]$$

$$= 0.005A_p(93 - A_p)$$

$$= 0.005 \times 55(93 - 55)$$

$= 10.45$　　　　(9－11)

而当 $A_p < 55$ 万时，$A_p{}^* = 49$，代入这阶段的纳什积中，得最大值为：

$$u_A(A_p - v(A))u_B(B_p - v(B)) = 0.05(A_p - v(A))0.1(B_p - v(B))$$
$$= [0.05(A_p - v(A))][0.1(v(A,B) - A_p - v(B))]$$
$$= [0.05(A_p - 5)][0.1(100 - A_p - 7)]$$
$$= [0.005(A_p - 5)(93 - A_p)$$
$$= [0.005(49 - 5)(93 - 49)$$
$$= 9.68 \qquad (9-12)$$

可见，当 $A_p = 49$ 万时的纳什积9.68小于当 $A_p = 55$ 万时的纳什积10.45。因此，该谈判的纳什积解方案为：对于合作收益100万元，A方得55万元，B方得45万元。

习题：

9.1　设谈判双方为A与B。如果双方谈判成功，则产生的总收益为V（A，B）。如果谈判破裂，A的收益为V（A），A的收益为V（B）。

证明：$v(A,B) > v(A) + v(B)$ 是举行谈判的基本条件。

9.2　考虑下面的双矩阵博弈

$$A = \begin{bmatrix} 6 & 1 \\ 2 & 4 \end{bmatrix}, B = \begin{bmatrix} 1 & 3 \\ 4 & 1 \end{bmatrix}$$

若两个局中人能通过契约进行合作，那么对合作的收益应如何分配，即纳什谈判解是什么？

9.3　设有一雇员为公司老板打工，若雇员打工后可为公司一年盈利10万元，而雇员不打工，则无盈利，那么对这10万元盈利应如何分配？

本章参考文献

[1] Rubinstein A. Perfect equilibrium in a bargaining model [J]. Econometrica: Journal of the Econometric Society, 1982: 97-109.

[2] John F Nash. The bargaining problem [J]. Econometrica: Journal of the Econometric Society, 1950: 155-162.

[3] Kalai E, Smorodinsky M. Other solutions to Nash's bargaining problem [J]. Econometrica:

Journal of the Econometric Society, 1975: 513 - 518.

[4] Gintis H. Behavioral ethics meets natural justice [J]. Politics, philosophy & economics, 2006, 5 (1): 5 - 32.

[5] Felsenthal D S, Diskin A. The bargaining problem revisited: minimum utility point, restricted monotonicity axiom, and the mean as an estimate of expected utility [J]. Journal of Conflict Resolution, 1982, 26 (4): 664 - 691.

第十章　演化与稳定

导入案例：人类社会层面的博弈

- 生物学家认为，生物的进化就是剔除无效生存策略的过程，由此博弈论可以预测进化的结果。对比人类社会，每个个体人的理性程度是有限的，而且认知能力也受到限制，因此社会中的个体都是在用有限理性，根据习惯、常规、经验法则行事，每个个体的理性构成了群体的整体理性程度。人类社会不可能像博弈论所描述的，通过复杂的计算来获得最佳的反应。那么人类社会的博弈过程是如何演变的呢？人类懂得学习，在有限理性的基础上学习。从这个角度来说，人类的学习过程和生物的进化过程没有本质的区别。演化博弈论就是研究群体中有限理性学习的过程与最终状态。

10.1 演化的稳定点

在通常的情况下，行为管理的对象是具有大量非理性个体的群体，这些群体由于广泛的非理性和羊群效应的存在，个体的理性的博弈分析常常与实际情况不符。实际上，这些非理性个体通常做不到一次性的准确的选择最优的博弈行为，而是通过简单的模仿与学习，不断调整自己的行为，使自己的行为渐渐达到效用最优的。这种博弈过程，就是演化博弈。

☞ 结对博弈

表 10－1 中表示一个结对博弈。设有一个个体数量很多的群体，大家都以某项工作来谋生，而该工作必须两个人结对协作才能完成（比如抬起重物搬运）。这样，在这个博弈中，每个参与人都可选择“结对”和“不结对”两个行为。收益规则是，只在双方都选择“结对”时，工作有效果，可以各得一个单位的收益。只要遇到的对方选择“不结对”，则结对就无法完成，从而工作无效，双方收益都为 0。需要注意的是，我们假设该博弈是静态博弈，即双方同时选择行为。

表 10.1 结对博弈

		参与人2 结对	参与人2 不结对
参与人1	结对	1,1	0,0
参与人1	不结对	0,0	0,0

容易看出，该博弈有两个纯策略纳什均衡（结对，结对）和（不结对，不结对）。其中（结对，结对）占优于（不结对，不结对）。因此，如果两个参与人是完全理性的，显然双方都会选择“结对”。

现在，假设参与人没有充分的判断能力或者缺少做出准确判断所需要的信息，因此，他们只能通过尝试与总结经验教训的方式来不断改进自己的行为。

这样，对于每一个个体来说，遇到的对方即可能是选择“结对”的，也可能是选择“不结对”的。因此，参与人的收益与自己的类型及随机配对遇到的对方的类型都有关系。

设群体中持“结对”态度的参与人比例是 x，则持“不结对”态度的参与人的比例是 $1-x$。“结对”类型的参与人的收益为 u_x，“不结对”类型的参与人的收益为 u_{1-x}，则：

$$u_x = x \cdot 1 + (1-x) \cdot 0 = x \tag{10-1}$$

$$u_{1-x} = x \cdot 0 + (1-x) \cdot 0 = 0 \tag{10-2}$$

这样，群体中所有成员的平均收益为

$$\bar{u} = x \cdot u_x + (1-x) u_{1-x} = x^2$$

可见，“结对”类型参与人的收益高于“不结对”类型的参与人。这样，在不断的重复过程中，所有参与人就会发现这种收益差别。也就是说，“不结对”类型的参与人会渐渐发现改变原有行为更有利，从而开始模仿另一种类型的参与人。

这样，在实际过程中，两种类型参与人的比例 x 和 $1-x$ 是随时间变化的。

以“结对”行为类型参与人的比例的变化速度来说，其变化速度取决于两个因素：一是“结对”类型参与人的基数，基数越大，变化速度越快；二是“结对”类型的参与人的收益与平均收益之间的差值，这种差值越大，变化速度越快。

假设“结对”类型的参与人的变化速度与这两个因素成正比，则有微分方程：

$$\frac{dx}{dt} = x(u_x - \bar{u}) \tag{10-3}$$

其中，x 为“结对”类型参与人的比例，$(u_x - \bar{u})$ 即“结对”类型的参与人比平均收益高出部分的差值。$\frac{dx}{dt}$ 即“结对”类型参与人比例随时间的变化速度。该方程称为拥有大量个体的群体的演化速度方程。

把“结对”参与人的期望收益和群体所有参与人的平均收益带入上述学习速度方程，有：

$$\frac{dx}{dt} = x(x - x^2) = x^2(1 - x) = x^2 - x^3 \tag{10-4}$$

观察上述方程，可以发现，如果 $x = 0$，即在群体的初始状态下，根本不存在任何结对的人，群体就永远不会出现采取“结对”行为的人。这是因为，学习模仿是需要存在学习模仿的对象的。$x = 0$ 意味着根本不存在学习模仿的对象。因此所有的参与人都不会改变原有的行为。

当 $x > 0$，即群体在初始时存在采用“结对”行为的参与人时，如果这些参与人的收益超过平均收益，则群体中 x（“结对”行为的参与人的比例）的变化速度为正，即“结对”的参与人会逐渐增加。

问题是，群体中的这种变化，最终的状态是什么呢？解决这个问题，需要看演化速度方程的的相位图（图 10－1）。

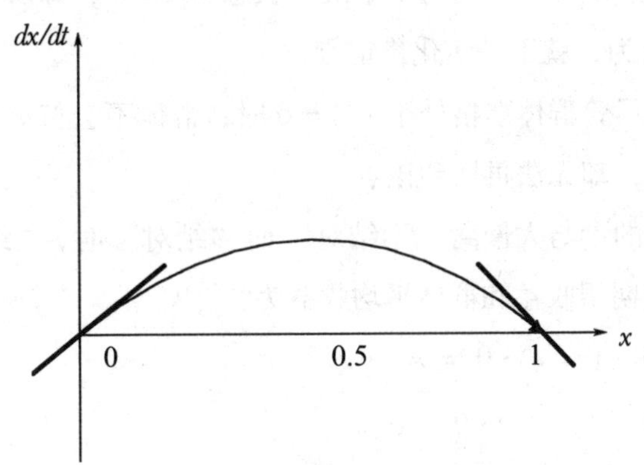

图 10－1　结对博弈的演化速度方程的相位图

根据上述演化速度方程的相位图，除了群体中“结对”的人数为 0 的情况外，演化的最终结果是所有参与人都“结对”，即 $x = 1$。因此，$x^* = 0$ 和 $x^* = 1$ 是演化方向的两个终点（最终状态）。

对于演化博弈，需要考虑其最终状态的稳定性问题，即如果有个体因为各种原因偏离稳定状态，群体是否仍然能够再演化回到原来的稳定状态？这是群体演化的最终状态的“鲁棒性”（Robust）问题。

仍然以结对博弈为例。设在所有的参与人都收敛到“结对”行为的状态下，出现比例为 ε 的参与人由于各种原因偏离了均衡点而选择了“不结对”行为。这样，选择“结对”行为的参与人的比例为 $1 - \varepsilon$。

因此，“结对”和“不结对”两种行为的参与人的期望收益和群体平均收益分别为：

$$u_x = (1-\varepsilon)\cdot 1 + \varepsilon \cdot 0 = 1-\varepsilon \tag{10-4}$$

$$u_{1-x} = (1-\varepsilon)\cdot 0 + \varepsilon \cdot 0 = 0 \tag{10-5}$$

$$\bar{u} = (1-\varepsilon)\cdot u_x + \varepsilon \cdot u_{1-x} = (1-\varepsilon)^2 \tag{10-6}$$

由于 $u_x = 1-\varepsilon > 0$，因此，“不结对”的参与人的期望收益低于“结对”的参与人，这样“不结对”的参与人会逐步演化到“结对”，最终结果仍然是所有参与人都“结对”。即 $x^* = 1$ 是一个演化稳定点（ESS）（Evolutionarily Stable Strategy，亦译演化稳定策略），它能够在干扰情况下仍然保持稳定。

但上述演化速度方程中的另一个最终状态 $x^* = 0$，即所有的参与人都采用“不结对”行为，就不是演化稳定点。

这是因为，尽管群体严格处于 $x^* = 0$ 时，群体不会偏离该点，但如果群体一旦偏离该点，却无法再回到该点。

设有比例 ε 的参与人偏离“不结对”而“结对”时，“结对”和“不结对”的参与人的期望收益和群体平均收益为：

$$u_x = \varepsilon \cdot 1 + (1-\varepsilon)\cdot 0 = \varepsilon \tag{10-7}$$

$$u_{1-x} = \varepsilon \cdot 0 + (1-\varepsilon)\cdot 0 = 0 \tag{10-8}$$

$$\bar{u} = \varepsilon \cdot u_x + (1-\varepsilon)\cdot u_{1-x} = \varepsilon^2 \tag{10-9}$$

这样，由于“不结对”的参与人的期望收益小于“结对”参与人的收益，因此在不断的重复过程中，“不结对”的参与人会不断减少，最终群体会收敛到 $x^* = 1$，即所有参与人都“结对”。

10.2 演化稳定点的数学条件

演化稳定点（ESS）ESP 是一个对于扰动具有鲁棒性的点。因此，ESS 点 x^*，除了本身必须是演化速度为 0 的均衡点外，还能在群体中的类型比例偏离了该点后，群体能够“自动地”使类型比例 x 回复到 x^*。

从数学原理看演化稳定点（ESS）的条件，首先，在演化稳定点（ESS）上

演化速度 $\frac{dx}{dt}=0$，同时，当干扰使 x 低于 x^* 时，类型比例 x 的变化速度 $\frac{dx}{dt}$ 要大于0（这样 x 会随着时间渐渐增加），当干扰使 x 高于 x^* 时，$\frac{dx}{dt}$ 要小于0（这样 x 会随着时间渐渐减少）。这样条件，用二阶导数的特点来描述，就是要求 $\frac{dx}{dt}$ 对 t 的导数 $\frac{d(\frac{dx}{dt})}{dt}<0$，即 $\frac{dx}{dt}$ 图形的切线的斜率小于0。

因此，演化稳定点（ESS）的条件为：

$$\begin{cases}\frac{dx}{dt}=0\\ \frac{d(\frac{dx}{dt})}{dt}<0\end{cases}\tag{10-10}$$

对于图10－1来说，其中的 $x=0$ 不是演化稳定点，因为在这点上，尽管演化速度 $\frac{dx}{dt}=0$，但该速度的切线斜率都是大于0的。只有 $x=1$ 点，切线斜率小于0，因此，$x=1$ 是演化速度稳定点。

10.3　随大流博弈的演化均衡点与演化稳定均衡点

随大流博弈是能够反映社会上一些人“墙头草，随风倒”现象的演化博弈。

该博弈在性质上属于协调博弈。协调博弈（Coordination Game）是博弈理论中的一个重要博弈类型。Jasmina Arifovic（2000）；Hans Carlsson（1993），Mattias Ganslandt（1998）；Paul G. Straub（1995）等人都对协调博弈进行了大量研究。

一般认为，协调博弈有两个基本特征：

一是该博弈存在多个纳什均衡，二是这些纳什均衡能够按帕累托最优标准进行排序。

Vincent P. Crawford and Hans Haller（1990）；Vincent P. Crawford（1995）等人提出，如果协调博弈的各个参与人具有相同的信念（比如都追求效用最

大化)，并且大家对其他参与人的行为选择有正确的预期（即知道对方也会选择效用最大的行为方案)，则尽管协调博弈存在多个纳什均衡，就会存在唯一解，即帕累托最优的解。

☞随大流博弈——带惩罚的配对博弈

为了说明“随大流现象”的演化博弈机理，孙绍荣设计了“带惩罚的配对博弈”。设有许多企业组成的企业群体，每个企业可以与其它企业配合生产产品，也可独自生产产品。如果与其它企业配合，则双方可以交换配件，形成优势互补，因此双方的收益都是最大的，都为 15 个单位。

如果双方都选择“独自生产”，则收益为 10 个单位。

如果某企业选择与其他企业配合生产产品，而对方却选择独自生产产品，则选择“配合”的企业只能低价出售其产品，勉强保本，即收益为 0，而选择“独自生产”的企业由于受到原来选择“配合”企业的报复，因此收益比双方都独自生产少了一些，为 5 个单位。

博弈的收益矩阵如图 10 - 2。

表 10.2　随大流博弈——带惩罚的配对博弈

		参与人2	
		独自	配合
参与人1	独自	10，10	5，0
	配合	0，5	15，15

设群体中选择“配合”的参与人比例是 x，则“独自”的参与人的比例是 $1-x$。选择“配合”的参与人的收益为 u_x，选择“独自”的参与人的收益为 u_{1-x}，则：

$$u_x = x \cdot 15 + (1-x) \cdot 0 = 15x \tag{10-11}$$

$$u_{1-x} = x \cdot 5 + (1-x) \cdot 10 = 10 - 5x \tag{10-12}$$

这样，群体中所有成员的平均收益为：

$$\bar{u} = x \cdot u_x + (1-x)u_{1-x} = x \cdot 15x + (1-x)(10-5x)$$

$$= 15x^2 + 10 - 5x - 10x + 5x^2$$

$$= 20x^2 - 15x + 10 \quad (10-13)$$

根据公式（10.1），有：

$$\frac{dx}{dt} = x(u_x - \bar{u}) = x(15x - 20x^2 + 15x - 10)$$
$$= x(30x - 20x^2 - 10)$$

可以解出三个均衡点：$x^* = 0$、$x^* = 1$ 和 $x^* = \frac{1}{2}$。

该例的演化速度方程的相位图如图 10－2 所示。

从图 10－3 可以发现，$x^* = 0$ 和 $x^* = 1$ 都是其演化稳定点（*ESS*），$x^* = \frac{1}{2}$ 则不是演化稳定点而只是一个不稳定的演化均衡点。

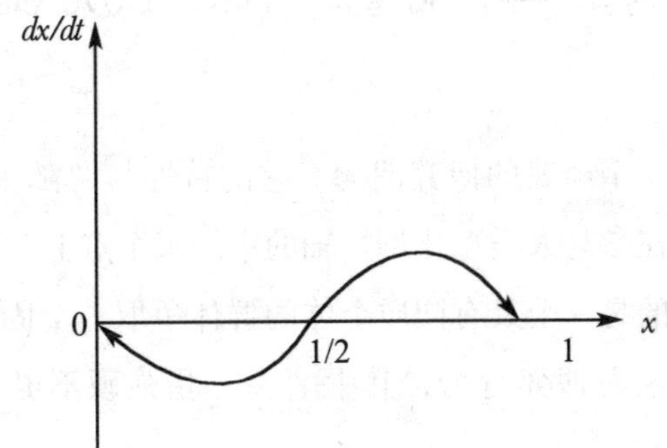

10－2　协调博弈的演化稳定点与演化均衡点

由此可知，在该企业群体中，如果在某一时刻，选择“配合”的企业的比例 x 在区间 $\left(0,\frac{1}{2}\right)$ 上时，演化的终点将是所有企业都选择“独自生产”，即 $x^* = 0$；反之，如果在某一时刻，选择“配合”的企业的比例 x 在区间 $\left(\frac{1}{2},1\right)$ 上时，演化的终点将是所有企业都选择“配合”，即 $x^* = 1$。

这个结果说明，如果带惩罚的配对博弈的参数如表 10.2，则该博弈实质上是一个“随大流博弈”，即当企业群体中选择“配合”的企业多（比例超过二分之一）时，对于某个企业来说，选择“配合”时期望收益较高，因此演化的稳定均衡点是全部企业都选择“配合”，而当企业群体中选择“独自”的企业多（这时选择“配合”的企业在群体中的比例小于二分之一）时，对于某个企业来说，选择“独自”时期望收益较高，因此演化的稳定均衡点是全部企业都选择“独立”。而当当企业群体中选择“配合”的企业与选择“独自”的企业恰好一样多时（各占比例为二分之一）时，这时对于某个企业来说，选择“配合”还是选择“独自”，期望收益都是一样多（当企业数量很多时，可以看作某个企业的选择行为不会改变企业作出选择的比例）。只是这个点不稳定，只要选择比例发生一点扰动而偏离各占比例为二分之一的状态，均衡结果就会向前面两种情况之一转化。

这个博弈表明，对于一些冲突行为，在存在有效的惩罚机制情况下，存在大量个体的群体中会出现单纯的一种行为的情况，要么全部持不合作态度，要么全部持合作态度。

10.4 趋中博弈——鹰鸽博弈（Hawk Dove Game）的演化稳定点

鹰鸽博弈是另一个经典的博弈问题。它的特性与“随大流博弈”正好相反，其演化稳定点在参与人类型比例数轴的中间某个点上。

鹰鸽博弈描述的是一个具有同质个体的群体争取一个固定的利益的博弈。各个个体可选择的两种博弈行为，其中“鹰”指强硬不退让的行为，“鸽”指妥协退让行为。

由于该群体中的个体是同质的，因此如果采用鹰行为的参与人遇到的也是采用鹰行为的参与人，则有50%的概率取胜，如果取胜，则得到固定利益v（比如争取到了一个地盘）；也有50%的概率失败，如果失败，则会受到损失c（比如由于战斗而受伤）。

如果采用鹰行为的参与人遇到的是采用鸽行为的参与人，则以100%的概率取胜，得到固定利益v。

如果采用鸽行为的参与人遇到的也是采用鸽行为的参与人，则双方平分收益，即得到$\frac{v}{2}$。

如果采用鸽行为的参与人遇到的是采用鹰行为的参与人，则把收益让给对方，由于自己没有进行斗争，因此也没有损失，即得到的总收益为0.

根据上述规定，鹰鸽博弈如表10-3。

表 10.3 鹰鸽博弈的收益矩阵

		参与人2	
		鹰	鸽
参与人1	鹰	$\frac{v-c}{2}$，$\frac{v-c}{2}$	v，0
	鸽	0，v	$\frac{v}{2}$ $\frac{v}{2}$

设群体中选择“鹰”行为的参与人比例是 x，则 “鸽”的参与人的比例是 $1-x$。选择“鹰”的参与人的收益为 u_x，选择“鸽”的参与人的收益为 u_{1-x}，则：

$$u_x = x\cdot\frac{v-c}{2}+(1-x)\cdot v = x\frac{v}{2}-x\frac{c}{2}+v-xv = v-x\frac{v}{2}-x\frac{c}{2} \tag{10-14}$$

$$u_{1-x} = x\cdot 0+(1-x)\cdot\frac{v}{2} = \frac{v}{2}-x\cdot\frac{v}{2} \tag{10-15}$$

这样，群体中所有成员的平均收益为

$$\bar{u} = x\cdot u_x+(1-x)u_{1-x} = x(v-x\frac{v}{2}-x\frac{c}{2})+(1-x)(\frac{v}{2}-x\cdot\frac{v}{2})$$

$$= xv-x^2\frac{v}{2}-x^2\frac{c}{2}+\frac{v}{2}-x\cdot\frac{v}{2}-x\frac{v}{2}+x^2\cdot\frac{v}{2}$$

$$= \frac{v}{2}-x^2\frac{c}{2} \tag{10-16}$$

根据公式（10.1），有：

$$\frac{dx}{dt} = x(u_x-\bar{u}) = x(v-x\frac{v}{2}-x\frac{c}{2}-\frac{v}{2}+x^2\frac{c}{2})$$

$$= x(\frac{v}{2}+x^2\frac{c}{2}-x\frac{v}{2}-x\frac{c}{2})$$

$$= x(x^2\frac{c}{2}-x(\frac{v}{2}+\frac{c}{2})+\frac{v}{2})$$

$$= \frac{x}{2}(x^2c-x(v+c)+v) \tag{10-17}$$

可以解出三个演化均衡点：$x^*=0$、$x^*=1$ 和 $x^*=\frac{v}{c}$。

鹰鸽博弈的该例的演化速度方程的相位图如图 10－3 所示。

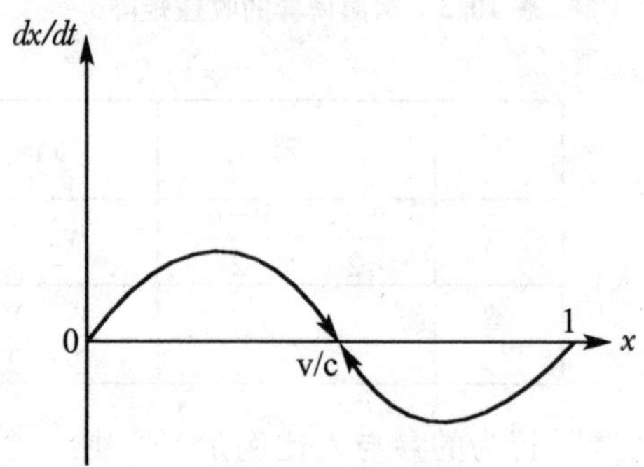

鹰鸽博弈——趋中博弈的演化稳定点与演化均衡点

由图 10－3 可以判断，在 $x^*=0$、$x^*=1$ 和 $x^*=\frac{v}{c}$ 这三个均衡点，只有 $x^*=\frac{v}{c}$ 是演化稳定点。也就是说，当群体中选择“鹰”行为的参与人比例小于 $x^*=\frac{v}{c}$ 时，选择“鹰”行为的参与人比例会参加，而当群体中选择“鹰”行为的参与人比例大于 $x^*=\frac{v}{c}$ 时，选择“鹰”行为的参与人比例会减少。如果把这个博弈理解为混合策略博弈，则就是对于每一个参与人，会把自己选择“鹰”行为的概率向 $x^*=\frac{v}{c}$ 靠近。

由于“鹰”行为在本质上是一种争斗行为，一旦在争斗中失败，其损失往往是巨大的，而在争斗中胜利则虽然也会获取收益，但与失败时导致的损失相比往往还是比较小的。这就是说，一般情况下，$0<v<c$，即 $0<\frac{v}{c}<1$。因此，这个博弈的稳定均衡点 $0<x^*=\frac{v}{c}<1$，因此这个博弈也称为趋中博弈，即选择“鹰”行为或者选择“鸽”行为的参与人比例（或者每个参与人选择“鹰”或者“鸽”的概率）往往在 0 与 1 之间。特别地，如果 $c=2v$，则演化稳定的均衡点 $x^*=\frac{1}{2}$，即“鹰”与“鸽”各占一半。

这个博弈表明，对于一些小量级的冲突（比如占便宜等行为），在缺少有效的惩罚机制情况下，社会上冲突中持强硬态度的个体与持和平态度的个体会以一定的比例存在，而不会出现全部个体都持强硬态度或者都持和平态度。

10.5 懒人博弈的演化稳定点与演化均衡点

蛙鸣博弈是一个经典的博弈模型，博弈内容主要是雄性青蛙是选择鸣叫还是选择不鸣叫的问题。该博弈的主要特点是，鸣叫会引来雌性青蛙，但也会产生鸣叫成本（消耗能量）；不鸣叫则没有成本，但也引不来雌性青蛙，只能依靠搭别的鸣叫的青蛙的“便车”，这样遇到雌性青蛙的概率比较低。

为了使该博弈内容接近实际的管理问题，笔者将这个经典博弈改写成社会成员关于选择亲自劳动还是选择不劳动而吃社会救济的博弈问题。当然，在这个博弈群体中，所有的成员都是均质的，即每个成员都是具有一定劳动能力的，因此，他们既可以选择劳动也可以选择吃救济，不是指青年人必须劳动而老年人只能吃救济这样的社会。

懒人博弈的内容如下。

假设有两个身体强壮的青年人组成的社会，他们都可能选择劳动或者不劳动。这两个人是“懒人”，由于懒人的本性，两人都不喜欢劳动。

但问题是，如果两人都不劳动，则这个“两人社会”中没有任何财富。在这样的情况下，两人的收入都是0.

如果两人中只有一人劳动，则会产生少量劳动产出f，这时劳动者得到的工资为w_f（$w_f < f$），同时劳动需要付出成本c，因此劳动者得到的实际收益为$w_f - c$。另一个人因不劳动而只能吃救济，由于救济来自于劳动成果中去掉工资后剩下的余额，因此为$f - w_f$。由于救济的性质，有$f - w_f < w_f$即$\frac{f}{2} < w_f$。

如果两人都劳动，则会产生大量的劳动产出b，这时每个劳动者得到的工资为w_b，得到的实际收益为$w_b - c$。

这样两个参与人的收益矩阵为表10.4。

表 10.4　懒人博弈

		参与人2	
		劳动	不劳动
参与人1	劳动	w_b-c，w_b-c	w_f-c，$f-w_f$
	不劳动	$f-w_f$，w_f-c	0，0

如果两个参与人均为完全理性的人，则懒人博弈的均衡结果取决于其参数。

当 $w_f - c < 0$，即 $w_f < c$，则两个参与人都会选择不劳动，这样（不劳动，不劳动）是该博弈的均衡点。

当 $w_f - c > 0$，即 $w_f > c$，同时 $w_b - c < f - w_f$，则懒人博弈存在两个纯策略纳什均衡，分别是（劳动，不劳动）和（不劳动，劳动）。

当 $w_b - c > f - w_f$，则两个参与人都劳动是均衡结果，即（劳动，劳动）。

现在把情况推广到一个人数众多的群体，群体中每两个人随机配对后进行"懒人博弈"，并且假设该群体中各个参与人都不是理性人，即无法通过对收益矩阵的分析形成均衡点，只能通过不断的尝试，不断地总结经验与教训，形成演化均衡。

设在群体中选择"劳动"的参与人的比例为 x，则选择"不劳动"的参与人的比例为 $1-x$。选择"劳动"的参与人的收益为 u_x，选择"不劳动"的参与人的收益为 u_{1-x}，则：

$$u_x = x(w_b - c) + (1-x)(w_f - c) = xw_b + (1-x)w_f - c \qquad (10-18)$$

$$u_{1-x} = x(f - w_f) + (1-x)\cdot 0 = x(f - w_f) \qquad (10-19)$$

这样，群体中所有成员的平均收益为

$$\begin{aligned}\bar{u} &= x\cdot u_x + (1-x)u_{1-x} = x(xw_b + (1-x)w_f - c) + (1-x)(x(f-w_f)) \\ &= x[(xw_b + (1-x)w_f - c) + (1-x)f - (1-x)w_f] \\ &= x[xw_b - c + (1-x)f] \qquad (10-20)\end{aligned}$$

根据公式（10-3），有：

$$\frac{dx}{dt} = x(u_x - \bar{u}) = x(xw_b + (1-x)w_f - c - x[xw_b - c + (1-x)f])$$

$$= x(xw_b + (1-x)w_f - c - x^2w_b + xc - x(1-x)f)$$
$$= x[x(1-x)w_b + (1-x)w_f - (1-x)c - x(1-x)f]$$
$$= x(1-x)[xw_b + w_f - c - xf]$$
$$= x(1-x)[x(w_b - f) + w_f - c] \quad (10-21)$$

可以解出三个演化均衡点：$x^* = 0$、$x^* = 1$ 和 $x^* = \frac{w_f - c}{f - w_b}$。

当 $0 < \frac{w_f - c}{f - w_b} < 1$ 时，$x^* = \frac{w_f - c}{f - w_b}$ 也是一个均衡点。这时，由 $0 < \frac{w_f - c}{f - w_b} < 1$ 得知，这时 $w_b - c < f - w_f$，即双方都劳动时每个人的实际收益（即扣除劳动成本后的收益）少于他不劳动吃救济时的收入时，群体中会形成一部分人劳动，一部分人吃救济的均衡点。这时，$x^* = 0$、$x^* = 1$ 都只是均衡点但不是稳定点，只有 $x^* = \frac{w_f - c}{f - w_b}$ 是稳定点（图 10－4）。

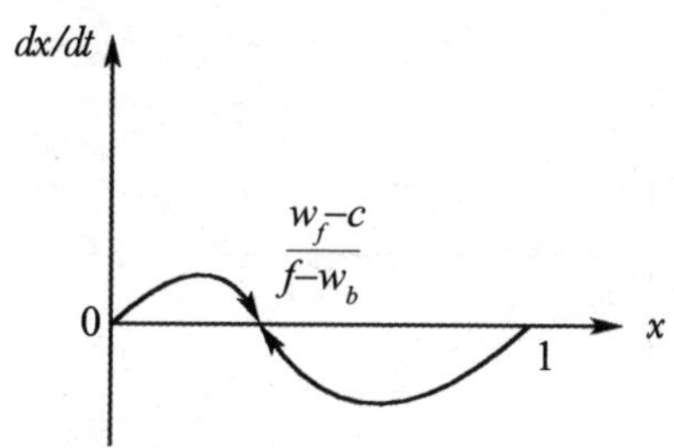

图 10－4　懒人博弈的均衡点与稳定点（当 $0 < \frac{w_f - c}{f - w_b} < 1$ 时）

由图 10－4 可以看出，在 $0 < \frac{w_f - c}{f - w_b} < 1$ 时，在群体中劳动者的比例会稳定在 $x^* = \frac{w_f - c}{f - w_b}$ 上。即如果劳动者比例超过 $x^* = \frac{w_f - c}{f - w_b}$，则劳动者吃亏（劳动者的期望收益小于吃救济者的期望收益），选择劳动的人数会渐渐减少，选择吃救济的人数会渐渐增加。如果劳动者的比例小于 $x^* = \frac{w_f - c}{f - w_b}$，则吃救济的人不合算，选择劳动者的人数会渐渐增加，选择吃救济的人数会渐渐减少。

如果 $w_b - c > f - w_f$ 时，即双方都劳动时每个人的实际收益大于他不劳动吃救济时的收入时，懒人博弈存在两个均衡点 $x^*=0$、$x^*=1$，其中 $x^*=1$ 是稳定点，即演化的稳定结果是所有的人都劳动。

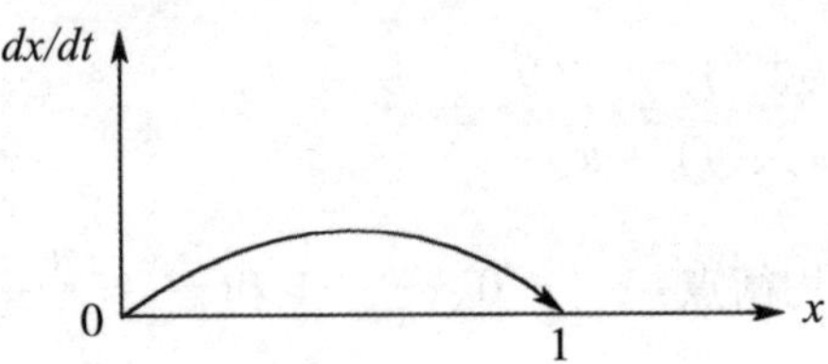

图 10－5　懒人博弈的均衡点与稳定点（当 $w_b-c>f-w_f$ 时）

在懒人博弈中，当 $w_f-c<0$ 时，说明劳动者的收益不及其成本，这时懒人博弈存在两个均衡点 $x^*=0$、$x^*=1$，其中 $x^*=0$ 是稳定点，即演化的稳定结果是所有的人都不劳动（图 10－6）。

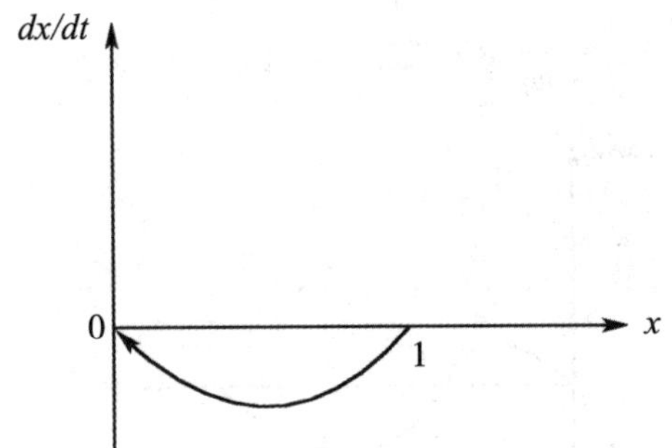

懒人博弈的均衡点与稳定点（当 $w_f-c<0$ 时）

懒人博弈说明，在一定的社会条件下（对于本例，即当 $0<\frac{w_f-c}{f-w_b}<1$ 时），社会中的各类型的成员比例（比如懒人与劳动者、守法公民与不守法公民等）会稳定在某个点上，这其实也是各国各地区各组织内总是有“好人”与“坏人”这一长期存在的现象的演化博弈基础。当然，作为管理者，适当地改变这一条件，也是能够改变这种比例的。

习题：

10.1　有一种甲虫，在世代生存中可能产生体型增大的遗传变异，而没有变异的甲虫则维持较小的体型。假设当较大的甲虫和较小的甲虫在竞争食物的时候，较大者得到较多的食物。如果两个甲虫体型一致，那么竞争所得的食物相同。但是由于较大的甲虫需要适应环境，所以对食物的新陈代谢效率更低。因此有如下矩阵：

		甲虫2	
		体型小	体型大
甲虫1	体型小	5，5	1，8
	体型大	8，1	3，3

问题：

（1）本题中的纳什均衡是什么？

（2）本题中的演化稳定策略 ESS 是什么？为什么？

（3）请说明纳什均衡和 ESS 的区别在哪里？

10.2　考虑如下的博弈矩阵：

		B	
		左	右
A	左	4，4	3，5
	右	5，3	5，5

请说明其中的 ESS，并简单解释原因。

10.3　两个博弈者甲和乙，对局矩阵如下图，分别通过 x 策略和 y 策略博弈，

		乙	
		x	y
甲	x	2，2	0，0
	y	0，0	1，1

请找出纳什均衡和 ESS，并说明原因和区别。

本章参考文献

[1] Smith J M. Game theory and the evolution of fighting [J] . On evolution, 1972: 8 - 28.

[2] Smith J M, Price G R. The logic of animal conflict [J] . Nature, 1973, 246 (5427): 15.

[3] Smith J M. The theory of games and the evolution of animal conflicts [J] . Journal of theoreti-

cal biology, 1974, 47 (1): 209 - 221.

[4] Hamilton W D. Extraordinary sex ratios [J]. Science, 1967, 156 (3774): 477 - 488.

[5] Harsanyi J C. Oddness of the number of equilibrium points: a new proof [J]. International Journal of Game Theory, 1973, 2 (1): 235 - 250.

[6] Thomas B. On evolutionarily stable sets [J]. Journal of Mathematical Biology, 1985, 22 (1): 105 - 115.

[7] Apaloo J, Brown J S, Vincent T L. Evolutionary game theory: ESS, convergence stability, and NIS [J]. Evolutionary Ecology Research, 2009, 11 (4): 489 - 515.

部分习题参考答案

第一章：

1.1 解：这种博弈不是静态博弈，因为静态博弈要求博弈双方同时采取行动，或者是即使行动有先后次序，但是应确保先行动博弈者的策略选择不能被后行动者所掌握。题目中所说的博弈属于动态博弈。

1.2 解：不是零和博弈，因为双方还要支付费用给赌场老板。

1.3 解：根据题意有

	黑	红
黑	-5，5	5，-5
红	0，0	5，5

1.4 解：根据题意有

	黑	红
黑	5，5	0，0
红	0，0	5，5

1.5 解：

	左	右
左	1，1	-1，-1
右	-1，-1	1，1

1.6 解：根据纳什均衡的定义，甲乙两人的最优价格都是 100 万元，针对

彼此双方最优策略的组合就是纳什均衡。此时双方没有人愿意单方面背离这一价格。

1.7 略

1.8 解：上策均衡就是占优均衡，博弈各方都是针对对方最优策略的己方最优策略，此时如果单方面背离己方最优策略，就会造成收益下降，因此没有博弈者愿意单方面背离这一局势，也就是纳什均衡的定义。

1.9 解：参与者 1 剔除上，参与者 2 剔除右，然后参与者 1 再剔除中，参与者 2 剔除左，上策均衡是（下，中）。

1.10 解：同时划线的是（上，中）。

1.11 解：有三个纳什均衡：（A，a）、（A，c）、（C，c）

1.12 解：

	B 交 4	B 交 8
A 交 2	2，4	10，0
A 交 7	0，11	8，7

这是一个典型的囚徒陷阱，纳什均衡是（A 交 2，B 交 4）。

1.13 解：

$$\begin{cases}\max\limits_{0\leqslant p_1<\infty} u_1(p_1,p_2^*) = \max\limits_{0\leqslant p_1<\infty}(a-p_1+bp_2^*)(p_1-c), \\ \max\limits_{0\leqslant p_2<\infty} u_2(p_1^*,p_2) = \max\limits_{0\leqslant p_2<\infty}(a-p_2+bp_1^*)(p_2-c)\end{cases}$$

所以$\left(\frac{a+c}{2-b}, \frac{a+c}{2-b}\right)$就是该博弈的 Nash 均衡

1.14 解：有两个纯策略纳什均衡会出现，即两人合作猎鹿或者合作猎兔。

1.15 解：最后的纳什均衡是（U，L，A）和（D，R，B），存在共谋的可能，倾向于选择（D，R，B）。

第二章：

2.1 解：股灾的发生就是由于炒股者之间形成的囚徒困境所导致的。

2.2 解：假设 A、B 两国可以选择进行军备竞赛或者不进行军备竞赛，但是如果其中某一方不研发武器，则可能在后续的博弈中处于劣势，因而双方

都会开发武器，以武器来增加谈判的筹码。

2.3 解：略。

2.4 解：如果社会上大部分的家长都让孩子参加补课，那么参加补课的小孩成绩往往好于不参加补课的小孩，导致不参加补课的收益下降，因而所有的家长都会倾向于让孩子补课。

第三章：

3.1 解：略。

3.2 解：混合均衡就是参与人在均衡中都采用相同的策略，而分离均衡就是每个参与人都采用不同的均衡策略。

3.3 解：道德风险是指参与合同或者约定的一方所面临的对方可能改变行为而损害到本方利益的风险。

3.4 解：其基本含义是不付成本而坐享他人之利。例如一些人需要某种公共资源或财产，但事先宣称自己并无需要，在别人付出代价去取得后，他们就可不劳而获的享受成果。在日常生活中常可找到搭便车的例子，例如许多轮船公司不肯兴建灯塔，他们可以获得同样的服务，此种搭便车问题会影响公共政策的顺利制定及有效执行。

3.5 解：例如在保险业界中是指根据平均疾病风险设定的费率下，因平均疾病风险大于低风险，低风险者并不愿意投保，但此平均费率却会引来大批高风险者投保，使保险公司亏本退出市场。此保险市场失灵问题主要是保险公司与消费者所拥有的资讯不对称造成，也就是保险公司无法区分谁是低风险者，谁是高风险者。

3.6 解：逆向选择是在契约签订之前所发生；道德风险一般在契约签订之后发生。

3.7 解：信息不对称。

3.8 解：信息不对称，契约执行的监控成本比较高。

3.9 解：若所有的参与者若依机制在诚实地揭示任何被要求的私有信息时，会得到最好的成果，也就是说如果撒谎或者采取策略性行为就会利益受损，此时就是激励相容。举例来说，策略性投票即缺乏激励相容的特性。在没有假投标或勾结的情况下，维克里拍卖则是个符合激励相容的例子。

3.10 解：建立信用体制，信号传递。

3.11 解：建立信用体制，激励相容制度。

3.12 解：略。

第四章：

4.1 解：如两个人要一同去出行旅游，必须两人组团才能成行，但是目的地可以是南方或者北方，先提出来的人就有先动优势，后提出目的地的人就会存在被迫形成纳什均衡的压力。

4.2 解：此博弈中，买方和卖方在博弈成交价格，此时先报价的人处于劣势，后报价的人处于优势。

4.3 解：略。

4.4 解：略。

第五章：

5.1 解：在动态博弈中，承诺和威胁的可信程度决定着纳什均衡的出现与否，但是必须是在双方都理性的前提下进行预测，因为非理性的博弈者会不计收益的选择损失较大的威胁或者承诺，导致预测失效。

5.2 解：略。

5.3 解：略。

第六章：

6.1 解：根据题意有很多核解，例如（100，300，500）或者（200，300，400）等都是可以分摊的车费。

6.2 解：$2^7=128$ 个。

6.3 解：$e^M=(0,0,0,0,0,0,0)$，$e^S=(1,0,0,0,0,0,0)$，$e^T=(0,0,1,1,0,0,1)$。

6.4 解：特征向量用来准确的表示和区别可能的子联盟。表示子联盟的收益的函数，称为特征函数。

6.5 解：任何一个分配方案都可以表示成为一个收益向量，但能够满足个体理性和集体理性的分配方案称为配置，而满足小联盟理性的配置则称为核。

6.6 解：很多配置集，如（10，30，40）。

6.7 解：略。

第七章：

7.1 解：略。

7.2 解：略。

7.3 解：刘 80 元，王 50 元，李 40 元，张 30 元。

第八章：

8.1 解：个体理性导致自私行为不断发生，合作从开始就由于缺乏信任而无法形成。

8.2 解：政党之间的政策往往趋近于中间选民才会赢得选举。

8.3 解：略。

第九章：

9.1 解：略。

9.2 解：(3.77，2.67)

9.3 解：员工分得 4.56 万元，老板得到 5.44 万元。

第十章：

10.1 解：

（1）纳什均衡是（体型大，体型大）

（2）演化稳定策略 ESS 是体型大，因为满足 ESS 的定义，E（S，S）≥ E（T，S），and E（S，T）＞E（T，T）

（3）纳什均衡是定义在策略集上的，而 ESS 就是指的策略本身的性质。

10.2 解：右是 ESS 演化稳定策略。

10.3 解：纳什均衡是（x，x），（y，y），但是没有纯策略的 ESS 演化稳定策略。

索　　引